# No reino dos Pretos-Velhos

Rio de Janeiro
2014

**6ª Edição**
revista
e ampliada

# No reino dos Pretos-Velhos

José Maria Bittencourt

Copyright © 1984
*José Maria Bittencourt*

Editoras
*Cristina Fernandes Warth*
*Mariana Warth*

Coordenação editorial
*Silvia Rebello*

Preparação de originais
*Eneida Duarte*

Revisão
*Juliana Latini*

Projeto gráfico e diagramação
*Aron Balmas*

Capa
*Luiz Henrique Sales*

Todos os direitos reservados à Pallas Editora e Distribuidora Ltda.
É vetada a reprodução por qualquer meio mecânico, eletrônico, xerográfico etc., sem a permissão por escrito da editora, de parte ou totalidade do material escrito.

CIP-BRASIL. CATALOGAÇÃO-NA-FONTE
SINDICATO NACIONAL DOS EDITORES DE LIVROS, RJ

| | |
|---|---|
| B544n | Bittencourt, José Maria. |
| 6ª ed. | No reino dos pretos-velhos / José Maria Bittencourt |
| 1ª reimpr. | – 6ª ed. revista e ampliada – Rio de Janeiro: Pallas, 2014. |
| | ISBN 978-85-347-0173-0 |
| | 1. Umbanda. 2. Orixás. I. Título |
| 98-0839 | CDD 299.67 |
| | CDU 299.6 |

Pallas Editora e Distribuidora Ltda.
Rua Frederico de Albuquerque, 56 – Higienópolis
CEP 21050-840 – Rio de Janeiro – RJ
Tel./fax: 21 2270-0186
www.pallaseditora.com.br
pallas@pallaseditora.com.br

# SUMÁRIO

Apresentação, 7

Prefácio à primeira edição, 9

Introdução, 11
   *A umbanda é uma religião, 11*
   *A raiz africana, 15*
   *A codificação da umbanda, 17*

Os fundamentos da umbanda, 21
   *Dogma, mito e rito, 21*
   *As entidades da umbanda, 29*

A prática da umbanda, 47
   *Nossa vida espiritual, 47*
   *A organização do culto, 53*

Pontos riscados e cantados, 71
   *Linha de Oxalá, 71*
   *Linha de Iemanjá, 74*
   *Linha de Xangô, 77*
   *Linha de Ogum, 80*
   *Linha de Oxóssi, 85*
   *Linha Africana, 90*

*Linha do Oriente, 92*
*Legião das Crianças, 95*

No reino dos pretos-velhos, 99
  *Pontos riscados e cantados dos pretos-velhos, 99*
    *Ponto do Pai Congo, 99*
    *Ponto do Pai Cambinda / Ponto do Pai Benguela / Ponto do Pai José, 100*
    *Ponto do Pai Jerônimo / Ponto do Pai Francisco / Ponto de Pai Jacó, 101*
    *Ponto do Pai Jobá / Ponto da Maria Conga / Ponto da Vovó Luiza, 102*
    *Ponto da Tia Maria / Ponto do Pai José de Aruanda / Ponto do Tio Antônio, 103*
    *Ponto do Pai João de Minas / Ponto do Pai Jobim (Povo da Bahia) / Ponto do Pai João Banguelê, 104*
    *Ponto do João Batué / Ponto do Pai Agolô (zulus) / Ponto das Baianas de Missanga, 105*
    *Ponto do Pai João Batão / Ponto do João da Ronda / Ponto do Pai Benedito, 106*
    *Ponto do Povo da Bahia na canjira / Ponto da Maria Redonda / Ponto do Rei Congo, 107*
    *Ponto do Povo da Costa (Pai Cambinda) / Ponto do Povo da Bahia (Senhor do Bonfim) / Ponto dos pretos-velhos baianos / Ponto cruzado dos pretos-velhos e Xangô, 108*
    *Ponto do Negro Carreiro / Ponto da Vó Catarina, 109*
  *Oferendas aos pretos-velhos, 110*

Epílogo, 113
  *Palavras finais, 113*
  *Bibliografia, 114*
  *O autor, 116*

# APRESENTAÇÃO

O livro de José Maria Bittencourt, *No reino dos pretos-velhos*, é uma dessas obras que enchem de orgulho uma editora. Resultado de um esforço sério de pesquisa e relato de experiência pessoal, é um registro precioso de algumas das facetas mais instigantes dessa religião tão rica que é a umbanda. Entretanto, desde a sua primeira edição, a bibliografia sobre o assunto tem crescido muito, desvendando dados inacessíveis ao autor quando de sua pesquisa original. Por este motivo, estamos publicando uma nova edição revista e bastante atualizada. O texto foi reorganizado, de modo a dar um foco mais definido ao seu conteúdo, e enriquecido com detalhes relevantes relacionados ao tema.

Esperamos que esta nova versão agrade aos nossos leitores tanto quanto a anterior, e que seja de utilidade aos fiéis e aos estudiosos da umbanda.

*Os editores*

## PREFÁCIO À PRIMEIRA EDIÇÃO

Ao analisar o conteúdo desta obra, o leitor encontrará uma série de estudos e interpretações sobre essa grande religião, sentindo a grande utilidade que representa para todo estudioso dos fenômenos espíritas, mormente no que tange à origem, à prática e à divulgação dessa maravilhosa força astral, por muitos incompreendida: a umbanda.

Sabemos que inúmeros e árduos obstáculos foram vencidos pelo autor, sr. José Maria Bittencourt, que procurou dar ao leitor um trabalho honesto e, acima de tudo, um trabalho altamente instrutivo, pois nele se encerram conhecimentos profundos. O estudo da religião dos povos negros, dos escravos africanos com sua inconteste participação na umbanda e da origem dessa religião no nosso imenso Brasil fazem deste livro uma das mais perfeitas obras no gênero, exemplo que deveria ser imitado por outros etnólogos para gáudio daqueles que procuram devassar os infindos mistérios relacionados com a espiritualidade. Em uma análise profunda, verifica-se que, apesar da sua aparência religiosa, trata-se na realidade de um trabalho altamente instrutivo e científico, a par de um grande conhecimento demonstrado, pelo autor, das lutas, das crenças religiosas, dos fracassos e das glórias dos nossos irmãos negros e sobretudo do nascimento, no Brasil, dessa maravilhosa mística: a Lei de Umbanda.

A escrita simples e compreensível, aliada aos conhecimentos do autor, faz deste livro quase uma obrigatoriedade aos estudiosos dos fenômenos espíritas. Quem já teve a felicidade de manter contato com os segredos da Lei de Umbanda aqui encontrará, por certo, subsídios para alargamento dos seus conhecimentos, tanto nos intrincados rituais umbandistas, quanto nos fatos históricos ligados aos povos africanos, nos primórdios da escravatura em nosso país.

Jamais poderemos traduzir em singelas palavras a grandiosidade que a umbanda representa atualmente para a grande nação brasileira. Nossos sentidos encontram felicidade em expressar o que é incorpóreo, invisível, sem forma e imaterial. Alcançaram-se, assim, os propósitos do autor de dar ao público um trabalho que sintetiza fatos, elucidando o leitor sobre essa parte do espiritualismo e a participação do negro na prática da magia.

DR. EDMUNDO RODRIGUES FERRO
*Presidente da Tenda Espírita São Sebastião*

# INTRODUÇÃO

Meus caros leitores,
Mais uma vez nos encontramos, por intermédio do nosso bom amigo livro, diante de um assunto de alta relevância para a nossa comunidade religiosa. É dever de todos os umbandistas convictos estudar a origem ancestral da nossa religião, buscando ali ou acolá os dados para a formação da nossa codificação. Não basta saber os dogmas e ritos; é necessário conhecer a origem dos povos que os trouxeram até os nossos dias. Muito se tem falado e escrito sobre a umbanda, mas muitos ignoram a própria origem da palavra, a mescla de crenças de que a religião resultou e o seu nascimento.

## A UMBANDA É UMA RELIGIÃO

Qual é a etimologia da palavra *religião*? Uma definição aceita hoje em algumas áreas de conhecimento remete à origem latina da palavra, supondo uma relação entre *religio* — religião — e *religo* — religar. Sob este ponto de vista, a religião pode ser entendida como a área da atividade humana cuja finalidade é refazer a ligação perdida entre o indivíduo e o mundo divino, espiritual.

As religiões do mundo se dividem em dois grandes grupos, de acordo com o modo como elas se formaram. As religiões ditas naturais são as que foram se desenvolvendo ao longo da vivência de uma sociedade. Elas não têm um fundador ou codificador, mas resultam da experiência de todo aquele povo com o mundo da divindade. São naturais as religiões de todos os povos africanos, dos indígenas das Américas, dos antigos povos europeus e asiáticos, como gregos, celtas, romanos, persas, egípcios, hindus, chineses, japoneses etc.

O outro grupo é o das chamadas religiões reveladas. Elas recebem esse nome porque foram criadas, fundadas ou codificadas por uma pessoa específica que, segundo seus seguidores, recebeu as regras da nova religião diretamente de Deus. Existem poucas religiões reveladas básicas (primitivas ou originais) no mundo: o budismo, o confucionismo, o judaísmo, o cristianismo e o islamismo. Cada uma dessas, hoje, é dividida em ramificações que se distinguem por detalhes de dogma e ritual. O cristianismo, por exemplo, tem a Igreja Católica Romana, as Igrejas Orientais (Ortodoxa, Síria, Copta, Maronita, Armênia etc.) e as originárias do movimento protestante ou de reformas (Luterana, Presbiteriana, Batista etc.).

Outro conceito importante e muito mal entendido é o de sincretismo. Muitas pessoas pensam que o sincretismo é a deturpação de uma religião imposta por dominadores que professam outra crença; mas não é nada disso. Sincretismo é combinação, síntese, transmutação. Toda religião viva está sempre sofrendo maiores ou menores processos de sincretismo, conforme seus seguidores se relacionam com grupos de outras fés. O próprio cristianismo é uma religião sincrética, que transformou o judaísmo incorporando-lhe elementos das religiões da Ásia Menor. Assim, dizer que a umbanda é uma religião sincrética não é uma crítica nem a constatação de que ela é a religião de vítimas de opressão. Com esse termo estamos apenas dizendo que a umbanda é uma religião plenamente viva, criada e cultivada por uma sociedade também viva, e que por isso está permanentemente em evolução.

Existiam na África centenas de divindades entre os povos que forneceram escravos para o Brasil. A umbanda preservou apenas uma parte das divindades africanas que vieram para cá. Desde o início de sua vida na nova terra, os escravos descobriram afinidades entre certos santos católicos e seus deuses: Santa Bárbara, que dominou milagrosamente uma tempestade, e Iansã, a deusa das tempestades; São Jorge, o grande guerreiro, e Ogum, o conquistador; e assim por diante. Por isso sincretizaram divindades e santos, passando a representar seus antigos deuses através da imagem de santos católicos.

Ocorre aí um fato que pode confundir quem não conhece as raízes da religião: a existênca de diferentes sincretismos para um mesmo orixá. Há duas razões para isso. A primeira é que existiam descendentes de africanos espalhados por todo o país e, nos séculos passados, a comunicação entre lugares distantes era difícil. Conforme diversos grupos organizavam sua religião em diferentes locais, um mesmo orixá era sincretizado com um santo no norte e outro no sul do país, de acordo com as devoções católicas mais populares e os santos conhecidos de cada local.

A outra razão é o fato de que, na religião africana, cada orixá tinha múltiplos aspectos. Seria algo parecido com o que ocorre no catolicismo, no qual Nosso Senhor Jesus Cristo é visto como Menino Jesus, Senhor dos Passos, Senhor do Bonfim e Cristo Rei, e Nossa Senhora tem inúmeras denominações, expressando momentos da sua vida, aparições e milagres que realizou. As religiões afro-brasileiras preservaram essa multiplicidade de aspectos dos orixás e, na umbanda, eventualmente, cada um deles, entre os mais populares, foi sincretizado com um santo diferente.

Defino então a umbanda como uma religião sincrética, que combinou elementos de algumas religiões naturais e reveladas. Mas como posso afirmar que ela é realmente uma religião, e não uma seita, um culto sem fundamento, um tipo de feitiçaria?

Segundo os estudiosos, o que determina que uma crença seja uma religião é o fato de ter um dogma, um mito e um rito. E mais: esses três componentes devem ter aspectos suficientemente diferentes de todas as outras religiões para que a crença não possa ser considerada apenas uma seita ou uma variante ritual de alguma delas. Vejamos então o que significam esses elementos, para verificarmos se a umbanda se enquadra na definição.

*Dogma* é um ponto de fé, uma afirmação em que o fiel deve crer sem necessidade de comprovação, que forma o fundamento da religião. Por exemplo, um dogma do catolicismo (e de diversas outras religiões cristãs) é que Jesus é Deus encarnado. Já para a umbanda (como para algumas outras vertentes cristãs), Jesus é o espírito que alcançou o grau máximo de evolução na Terra, mas não a encarnação de Deus. Então, a umbanda tem pelo menos um ponto de dogma em que se diferencia do catolicismo. Mais adiante veremos outros pontos que diferenciam a umbanda de outras religiões.

*Mito* é uma narrativa que explica, do ponto de vista de uma religião, a origem e o destino do mundo e da humanidade, o modo como Deus (ou os deuses) atua(m) para definir esse destino, como é o mundo espiritual etc. Repare que o mito não é definido como uma narrativa falsa ou fantasiosa, mas como a sabedoria da religião. Assim como o catolicismo tem seu mito, que inclui o nascimento, os milagres, a paixão e a ressurreição de Cristo, a umbanda tem um mito bem próprio e definido, composto — é verdade — de elementos herdados dos mitos das religiões a partir de que ela se formou, mas diferente, no conjunto, de cada um deles visto separadamente.

*Rito* é uma cerimônia religiosa. Quando usamos o termo de forma geral, como uma característica de uma religião, ele significa o conjunto das cerimônias praticadas pelos seguidores dessa religião. Por exemplo, a missa, o batismo e a crisma, realizados de uma certa maneira específica, são componentes do rito católico. Da mesma forma, a umbanda tem suas cerimônias bem definidas, diferentes dos ritos de outras religiões.

INTRODUÇÃO

Podemos então concluir que a umbanda é, sim, uma religião, e como tal deve ser respeitada, venerada e amada. Vejamos agora, resumidamente, como ela se formou.

## A RAIZ AFRICANA

A umbanda tem suas raízes principais nas antigas crenças dos povos bantos, cujos grandes reinos dominaram por muito tempo a África Central e Setentrional. As crenças africanas foram trazidas para o Novo Mundo pelos escravos e, por um certo período, foram cultuadas por grupos de diferentes nações aqui radicados. Mas nunca o foram na sua total plenitude, devido à falta de elementos para a formação completa do ritual, em consequência da mesclagem de pessoas de diferentes origens nos engenhos e nas senzalas. Essa mistura foi adotada pelos proprietários para maior aproveitamento do trabalho. Nos leilões de escravos, dificilmente eram arrematadas famílias inteiras; pelo contrário, essas famílias eram divididas e vendidas em lotes. Assim, os familiares eram dispersados e raramente ficavam sabendo do destino reservado aos parentes.

Muito sangue africano correu nas estradas do Brasil para alimentar a cobiça desvairada dos senhores de escravos. No início do século XVI, Portugal via o Brasil apenas como entreposto comercial, mas, devido às incursões de franceses e ingleses, resolveu colonizar o território, o que significava plantar. Fracassada a tentativa de usar mão-de-obra indígena, Portugal voltou-se para a sua antiga fonte de material humano, a África. Por alvará de 29 de março de 1549, o rei português D. João III, querendo incrementar a indústria de açúcar no Brasil, facultou a entrada dos escravos, em número de 120 para cada engenho em funcionamento. Por volta de 1730, a população escrava já andava na casa de dois milhões de almas, numa mesclagem, sem precedentes na história dos africanos, dos mais diversos costumes, dialetos e cultos das suas várias nações de origem.

Durante o período colonial e até o final do Império, a economia do Brasil foi baseada nos braços fortes da escravatura. Os negros foram trazidos ao Brasil de entrepostos na Guiné, em Angola, Congo e Moçambique. Foram importados negros congos, guinés, minas, angolas, monjolos, cubangos, rebolos, cabindas, benguelas e outros. Em projetos da indústria ou de outro qualquer empreendimento, o escravo estava presente, e o maior investimento da época era a aquisição de negros. A riqueza dos senhores era baseada no número de escravos que possuíam.

O destino do escravo era brutal e a vida, passada em trabalhos forçados, raramente atingia dez anos, pois o desgaste físico era intenso. O recurso adotado por muitos era fugir, embrenhando-se na mata e indo formar fileiras com outros fugitivos nos povoados a que chamavam quilombos; mas muitos eram recapturados e entregues aos antigos donos, que frequentemente os matavam à força de torturas aplicadas a título de punição pela desobediência. Entretanto, apesar de todo o sofrimento, a vontade de sobreviver fez com que esses povos viessem até os nossos dias, como prova de força e de fé. E o negro tornou-se parte importante de nação brasileira, com participação decisiva na formação material e cultural do país.

Embora seja difícil reproduzir hoje, com exatidão, o modo de vida dos antigos escravos, sabe-se que, na medida do possível, eles aproveitavam momentos livres para relembrar seus ritos religiosos, os cantos e as danças de suas nações. Mas a coexistência de africanos de diferentes origens foi transformando sua cultura. Com o passar do tempo, os cultos africanos originais, "puros", desapareceram, e serviram de raiz para novas religiões criadas aqui. Espalhados por todo o território do país, os descendentes de africanos — em sua maioria bantos — combinaram aos poucos suas crenças e seus rituais com traços de diferentes religiões indígenas, de outros povos africanos e do catolicismo, dando origem às várias vertentes do candomblé, ao batuque, ao tambor de mina e a rituais afro-ameríndios, entre outras religiões encontradas do norte ao sul do país.

Os bantos deram nome às novas religiões. Vem das línguas bantas a palavra *candomblé* — a festa de louvação aos deuses e espíritos ancestrais. Nessas mesmas línguas bantas, *umbanda* era a arte da medicina praticada pelos sacerdotes curandeiros: magia, feitiço, ritual. No início do século XX, o termo passou a ser usado para denominar a nova religião formada com a fusão de crenças e ritos do espiritismo europeu e do candomblé.

Também de origem banta são as palavras *quimbanda* e *macumba*. Esta última, significando provavelmente feitiçaria, em sua origem, passou a ser usada popularmente para designar de forma pejorativa a própria umbanda. A primeira, que na África denominava o sacerdote-médico, tornou-se o nome da vertente da umbanda dedicada à magia negra, à feitiçaria maléfica — pelo menos de acordo com a visão popular. Termos das diversas línguas bantas sobreviveram também no vocabulário litúrgico da umbanda.

Por outro lado, os nomes de divindades e outros termos litúrgicos mais conhecidos e utilizados hoje na maioria das religiões afro-brasileiras são os do candomblé de origem iorubá. A própria palavra *orixá* tem essa origem e, mesmo nas religiões de origem banta, substitui com frequência o termo banto equivalente, *inquice*.

Assim começou a codificação da umbanda, cada nação cedendo um pouco, e cada culto original, conforme ocorria a mesclagem, perdendo aos poucos a sua originalidade. Mas isto é bom, pois seguimos colhendo o melhor de cada crença e transformando tudo em uma nova religião cheia de vida.

A CODIFICAÇÃO DA UMBANDA

A predominância e a expansão da cultura banta determinaram a difusão da umbanda. Enquanto o candomblé nagô lutava pela conservação do culto de origem iorubá e o jeje procurava preservar o culto vindo do Daomé, a umbanda cada vez mais congregava novos rituais e cultos, tornando-se mais distante da origem e formando um culto essencialmente brasileiro.

O primeiro e mais notável sincretismo ocorrido nas origens da umbanda se deu entre as religiões dos diversos povos africanos, conforme o candomblé, das diferentes nações se constituiu. Ao mesmo tempo ocorreu o sincretismo do candomblé com o catolicismo — em especial do chamado candomblé angola, praticado aqui pelos descendentes de bantos. Este sincretismo foi seguido por outros, conforme mais e mais setores da sociedade aceitavam e reconheciam a umbanda e a combinavam com crenças anteriormente aceitas e praticadas pelos diferentes grupos.

No século XIX desenvolveu-se, em vários países da Europa, o movimento chamado espírita ou espiritualista, que se dedicou a experiências de contato com os espíritos desencarnados e pesquisas sobre a vida após a morte. Essas experiências e pesquisas levaram à fundação de um novo grupo de religiões reunidas sob o título de espiritualismo. Elas se diferenciaram das outras vertentes cristãs pela crença na reencarnação como forma de evolução dos espíritos e pela busca de comunicação sistemática com os mortos. O espiritualismo também incorporou conceitos da cabala judaica, da magia europeia e do misticismo indiano.

A religião espiritualista estabelecida no Brasil foi o kardecismo, codificado pelo francês Allan Kardec. O kardecismo encontrou práticas parecidas com as suas no candomblé angola, uma vez que os bantos, ao contrário de alguns outros povos africanos, prezavam a proximidade dos antepassados, que eram seus conselheiros, protetores ou *guias*, como são chamados na umbanda.

No final do século XIX, espíritos caboclos começaram a se manifestar em terreiros de candomblé e templos espíritas. Assim começou a se formar o culto da umbanda, embora esse nome ainda não fosse usado. Em 16 de novembro de 1908, o Caboclo Sete Encruzilhadas baixou pela primeira vez no médium Zélio Fernandino de Moraes, em um centro espírita da cidade de São Gonçalo, no Rio de Janeiro. Nessa ocasião, Seu Sete Encruzilhadas deu nome à nova religião, definindo suas diretrizes gerais.

Tentando uma definição sintética, podemos dizer então que a umbanda é uma religião que congrega pessoas de crença espiritualista, tendo como supremo mestre o filho de Deus, Nosso Senhor Jesus Cristo. É uma fusão de todas as nações de origem africana vidas para o Brasil, acrescentando-se ainda o budismo, o kardecismo e outras crenças de origens europeia e oriental.

A umbanda comanda duas grandes linhas, a umbanda propriamente dita e a quimbanda, e procura orientá-las de modo que as mesmas pratiquem o bem em nome do Pai Amantíssimo. A umbanda é a linha-mestra que nos leva diretamente aos pés de Nosso Senhor Jesus Cristo, que em vida nos ensinou a sofrer resignadamente sem nada receber, a não ser elevação espiritual e as bênçãos do Pai Criador.

# OS FUNDAMENTOS DA UMBANDA

## DOGMA, MITO E RITO

Como já comentamos, a umbanda é uma religião com dogma, mito e rito próprios. Examinando em detalhes esses elementos, veremos que cada um deles tem alguma predominância de uma das tradições que contribuíram para a religião. Assim, o mito da umbanda é formado principalmente por dois componentes: o mito iorubá da criação do mundo, que foi preservado no Brasil de modo mais organizado que os demais, e que, na prática, se sobrepôs aos de outros povos, embora se combinando com eles; e o mito espiritualista, que descreve a estrutura do mundo espiritual e sua relação com os vivos. Já o dogma, como veremos, vem basicamente do espiritualismo. Finalmente, o rito parece ser a parte que mais preservou elementos bantos: o estilo das danças e dos cantos, a linguagem, as práticas de cura, o modo de fazer contato com os espíritos.

### O dogma da umbanda

A umbanda é uma religião monoteísta, que não vê como deuses as entidades designadas pelos antigos nomes africanos. Para a nossa querida religião, Deus é uno, incriado, onipotente e onisciente. A umbanda costuma chamar Deus pelo seu antigo nome banto, Zâmbi.

A umbanda crê que Jesus e o Espírito Santo foram criados por Zâmbi, mas não se confundem com ele. Para a umbanda, Jesus é o espírito regente da Terra, aquele que alcançou o mais alto grau de evolução, mas não é Deus.

A umbanda crê na imortalidade do espírito. Para ela, Deus criou todos os espíritos num estado inicial muito elementar, igual para todos, e deu-lhes a possibilidade de evoluir e se aperfeiçoar. Não existem espíritos inevitável e eternamente maus, mas sim espíritos em um estágio muito baixo de evolução.

Deus deu aos espíritos o livre arbítrio, para que cada um possa escolher o seu caminho. Assim, o espírito que hoje está mergulhado na maldade e na treva poderá escolher entrar no caminho da evolução, ou perder tempo permanecendo onde está.

Para a umbanda, a evolução do espírito se dá por sucessivas encarnações como ser humano e por missões realizadas enquanto o espírito não está encarnado. O espírito não encarnado trabalha como guia ou protetor de pessoas viventes. Tanto quando está encarnado, quanto quando está desencarnado, o espírito tem uma missão espiritual a cumprir para sua evolução.

A umbanda crê que a mediunidade é a forma de comunicação entre espíritos encarnados e não encarnados. A mediunidade é uma habilidade da pessoa, através da qual um espírito não encarnado usa essa pessoa como veículo para a realização de sua missão de caridade.

A umbanda crê que uma pessoa influencia e é influenciada através de seu corpo de energia, a chamada aura.

A umbanda aceita a lei do carma, segundo a qual tudo que nos ocorre hoje é o resultado de nossos atos passados, e o que nos ocorrerá no futuro dependerá do que fizermos hoje. A umbanda deduz dessa lei a norma fundamental de conduta do ser humano, que é a prática do amor e da caridade sem esperar recompensa.

Para a umbanda, os espíritos se organizam segundo uma hierarquia bem definida, desde os mais evoluídos, que estão próximos de Deus, até os menos evoluídos, que ainda têm todo o caminho a percorrer. Essa hierarquia se manifesta na estrutura espiritual da umbanda.

## O mito da umbanda

### A criação do mundo

No início, havia apenas Olorum, o Senhor Onipotente. Ele existia no grande vazio da eternidade, sem tempo nem espaço. Olorum resolveu então criar o mundo. Fez uma cabaça e lançou-a no vazio. A parte de cima da cabaça era Obatalá, o céu; a parte de baixo era Odudua, a terra. Olorum também criou Ifá, o destino.

Existem versões diferentes do que aconteceu depois. De acordo com uma delas, Obatalá e Odudua tiveram dois filhos: Iemanjá, o mar, e Oxalá, a luz do céu. Ambos geraram Exu, Ogum, Xangô, Oxóssi, Ossaim, Oxum, Iansã e Obá. Cada uma dessas divindades recebeu de Olorum o encargo de governar uma parte do mundo: os caminhos, o fogo, as rochas, os animais, as plantas, as águas, os ventos, as correntezas. Xangô e Iansã tiveram Ibeji, os gêmeos protetores das crianças; Oxum e Oxóssi foram pais de Logunedé, o pescador.

Oxalá criou os seres humanos, modelando-os em argila. Olorum deu-lhes a vida com seu sopro e Ifá determinou o caminho que cada um iria seguir.

Oxalá também se uniu a Nanã, uma rainha que governava os mortos, e com ela teve quatro filhos: Omulu, Iroco, Oxumarê e Euá. Estes se tornaram donos das enfermidades, do clima, do arco-íris e das chuvas.

### O mundo dos espíritos

Existe um mundo espiritual superior chamado Aruanda, onde vivem os orixás e as entidades mais evoluídas. Alguns dizem que fica no céu; outros, que fica do outro lado do oceano, lá na costa da África. Quando os fiéis se reúnem no terreiro e cantam para chamar seus guias, eles vêm de Aruanda e para lá retornam depois de terminar sua tarefa espiritual do momento.

Os espíritos dos escravos, após todo o sofrimento por que passaram na existência terrena, foram para Aruanda. Para lá também foram os caboclos (os espíritos dos indígenas, donos originais da terra brasileira), os santos, as crianças e outros espíritos de alto grau de evolução (sábios, mestres etc.).

O mundo espiritual inferior, onde vivem as entidades que ainda estão em um grau baixo de evolução, pode ser alcançado em dois espaços: as encruzilhadas, onde vive o Povo das Ruas (os exus), e a calunga pequena (o cemitério), onde vive o Povo dos Cemitérios (os eguns ou quiumbas).

É importante observar que nem sempre um espírito foi em vida exatamente como se apresenta nos terreiros hoje. Por exemplo, um preto-velho não foi necessariamente um escravo. O que ocorre é que os espíritos procuram se apresentar sob um aspecto que seja aceitável e compreensível para os viventes. Muitas vezes até eles desejam dar lições de humildade ao surgir como um velho simples e aparentemente ignorante, ocultando a intensidade da sua luz e o grau de sua evolução.

*A quimbanda*

Havia na corte celestial um anjo chamado Lúcifer, conhecido como o Anjo Belo. Era o primeiro dos querubins, possuidor de grandes conhecimentos que o distinguiam dos demais anjos da Corte de Deus. Sucedeu que estranhos sentimentos de orgulho e vaidade começaram a penetrar no coração do Anjo Belo, levando-o a conspirar contra Deus, com o propósito de assumir o trono divino. Não querendo o Pai Celestial eliminá-lo, decidiu expulsá-lo do Paraíso, juntamente com os seus adeptos. Foi desta maneira que milhões de espíritos rebeldes, comandados pelo Anjo Belo, formaram o seu reino.

Eis uma tese defendida por nós umbandistas: Deus criou o mundo, buscando em tudo a perfeição. Para que pudéssemos equilibrar a sua perfeição, foi estabelecida por Deus a dualidade, isto é, os opostos. Assim, em tudo existe masculino e feminino, luz e trevas, água e fogo, polo negativo e polo positivo etc. Também a nossa religião tem os seus lados opostos: umbanda e quimbanda. A umbanda é o lado positivo, o lado bom da via espiritual, que conduz seus filhos pela estrada do bem até a presença do Supremo Mestre. A quimbanda é o lado negativo, o lado oposto, com seus dogmas falsos, tendo à sua frente o senhor absoluto das trevas, Sua Alteza Lúcifer, também conhecido como o Anjo Belo.

*Saravá à Vossa Majestade,*
*Saravá ao seu Estado Maior,*
*Saravá ao Reino dos Exus.*

## Tudo se transforma

Há uma lei universal ditada pelo Pai Amantíssimo, Supremo Criador do Universo, segundo a qual nada permanece em seu estado primitivo: tudo se transforma. Assim sucede com a quimbanda, que, com o auxílio da umbanda, procura elevar-se a um plano melhor. O processo pode ser comparado ao que acontece num exército, que tem uma hierarquia: soldado, cabo, sargento, suboficial, aspirante, tenente, capitão, major, coronel, general e marechal. As denominações são permanentes, porém seus ocupantes são transitórios, pois periodicamente há promoções no corpo das tropas, passando o soldado a cabo, o cabo a sargento, seguindo a escala hierárquica até o limite máximo, que é a passagem do general a marechal, sendo feitas as promoções por merecimento.

Por outro lado, existem também os chamados golpes de estado, em que as promoções obedecem a outros critérios. Na quimbanda sucede algo semelhante: há promoções e golpes de estado, mas os postos honoríficos permanecem os mesmos. Os ocupantes dos diversos postos procuram se elevar em posto espiritual. Quando um espírito é promovido, é eliminado da quimbanda, passando a trabalhar na umbanda como caboclo ou preto-velho. O Estado Maior da Quimbanda vive em transformações seguidas. O posto de Sua Alteza (posto máximo ocupado pelo Maioral) já sofreu e vem sofrendo várias modificações dos seus ocupantes, pois, segundo dados colhidos, Sua Alteza é sempre um jovem de 33 anos, esbelto, de cabelos louros e com fina educação. Mas ele não pode permanecer para sempre no seu lugar, pois outros jovens cobiçam o posto máximo.

Tecendo outras considerações, afirmo que há recuperação dos elementos, visto que o Pai Santíssimo está sempre nos dando oportunidade para a nossa evolução espiritual, nunca deixando de lado os filhos menos esclarecidos. Se existe a quimbanda, é pelo fato de distinguirmos o bem do mal. Como poderia haver a distinção se houvesse apenas um polo? Portanto, a quimbanda é, em suma, um mal necessário, pois se constitui no primeiro passo de nossa elevação espiritual.

*Quiumbas e exus*

Quiumbas são espíritos atrasadíssimos, dispostos em diversas classes, e muitos ainda não encarnaram uma única vez. Marginalizados no astral, pois só sabem fazer o mal, procuram de todas as maneiras a infiltração na sociedade, a fim de saciarem os seus desejos mesquinhos, espalhando a confusão entre os seres humanos. Exímios em mistificação, muitas vezes fazem-se passar por caboclos e pretos-velhos, e até mesmo por exus.

Mas há a Polícia do Astral, nossos amigos exus. Estes se encontram sempre vigilantes na defesa de sua jurisdição contra esses verdadeiros salteadores do espaço, protegendo-nos, junto com a nossa generosa umbanda.

Quando os quiumbas mistificadores são apanhados, são mandados, conforme o seu estado, para hospitais, escolas ou, em alguns casos, para prisões do astral. No entanto, o castigo da prisão costuma ser insuficiente para alguns. O que mais aterroriza os quiumbas é o perigo de não poderem encarnar por um certo período; por isso é que fazem mil promessas aos encarregados da justiça do astral, buscando outra oportunidade de recuperação. Quando têm uma oportunidade de recuperação e não a aproveitam, são eliminados, isto é, impedidos de encarnar. Este é o maior castigo imposto a um quiumba pela Polícia do Astral. Por tudo o que foi dito, é fácil concluir que ser exu é possuir um certo grau de elevação espiritual.

## O rito da umbanda

Uma pessoa pode frequentar um templo de umbanda como fiel comum, em busca de orientação e auxílio, ou como membro do clero da casa.

A umbanda é uma religião iniciática. A entrada no corpo sacerdotal se dá através de um aprendizado por experiência direta das atividades espirituais, por meio da participação nos rituais da casa que o iniciando frequenta.

Os templos de umbanda são independentes entre si. Por isso, cada um pode ter um rito próprio, desde que respeite os princípios gerais da religião.

A hierarquia sacerdotal do terreiro, templo ou tenda de umbanda inclui um dirigente (pai ou mãe-de-santo) e um conjunto de noviços e sacerdotes, que são os médiuns, os auxiliares (cambonos) e outros sacerdotes (ogãs etc.).

O grande rito público da umbanda é a sessão, ou gira, em que fiéis e sacerdotes se reúnem, formando a corrente mediúnica, com a presença das entidades incorporadas nos médiuns. Nessa sessão, as entidades atendem aos fiéis, dando consultas diversas, exercendo assim sua missão espiritual. Por isso, essas cerimônias também são chamadas de sessões de caridade.

O traje sacerdotal é simples e igual para todos os médiuns. A umbanda não adota os trajes de orixás originários da religião iorubá.

As entidades trabalham com pontos cantados (cantigas ou curimbas) e pontos riscados (desenhos simbólicos) que são ensinados pela própria entidade. Eventualmente trabalham com materiais auxiliares, como objetos simbólicos, bebidas etc., mas isso não é indispensável.

A música litúrgica (os pontos cantados) é entoada em coro pelas pessoas que participam da gira, sendo comandada por um grupo (a curimba) que tem essa função específica. As cantigas podem ser ou não acompanhadas por palmas ou atabaques, dependendo da orientação da casa.

Outros ritos públicos são as datas comemorativas das entidades, como a festa de Cosme e Damião e as oferendas a Iemanjá, e as obrigações. Alguns desses ritos são realizados no próprio templo; outros ocorrem em locais externos apropriados.

A umbanda não realiza sacrifícios animais. Suas oferendas incluem flores, alimentos, perfumes, velas e outros objetos simbólicos cuja vibração se harmonize com a da entidade a que são dirigidos.

Ritos de desobsessão, limpeza, consulta e cura espiritual são ensinados ou executados por guias incorporados, pois são estes que efetivamente realizam o trabalho espiritual. Ritos de batismo, casamento e funeral são executados pelo dirigente do templo.

Os ritos privados da umbanda, que devem ser realizados pelos fiéis de acordo com sua necessidade, incluem defumações, banhos, oferendas aos guias e uso de objetos protetores, como plantas, cristais e patuás. Nenhum rito é obrigatório, mas é do interesse do fiel realizá-los para sua segurança e evolução espiritual.

Para aqueles que consideram que o rito da umbanda é "primitivo", desejo fazer uma rápida comparação entre a nossa religião e o catolicismo. Nos nossos rituais usamos velas; o catolicismo também usa. Usamos incenso e defumadores (charuto ou cachimbo usado pelas entidades), com a finalidade de limpar o ambiente ou o consulente; o catolicismo adota o incenso no ambiente. Na umbanda, as entidades consomem cerveja ou cachaça defronte ao altar; no catolicismo, os padres bebem vinho defronte ao altar. Na umbanda oferecemos amalá às entidades e refeições rituais ao público; no catolicismo é oferecida a hóstia.

## AS ENTIDADES DA UMBANDA

A doutrina espírita classifica os espíritos em três grandes ordens: os puros, os bons e os imperfeitos. Os espíritos puros são os anjos, arcanjos, querubins, serafins, santos e orixás de primeiro plano, que existem como pura luz divina. Os nossos bem amados orixás de primeiro plano, chefes de nossa gloriosa umbanda, não descem a este planeta, pois a grandiosidade da luz irradiada por eles é tanta, que nos cegaria. Por esse motivo enviam os seus emissários ou mensageiros, que são os demais espíritos.

Os espíritos bons, ou mensageiros do bem, com os quais a umbanda trabalha, se dividem em duas classes. A primeira é a dos orixás menores, ou santos de segundo plano, chefes de legiões e falanges. A segunda classe é formada pelos caboclos, pretos-velhos, oguns e iaras, espíritos benévolos, desprendidos, que trabalham como nossos guias e protetores, e tudo fazem em nosso benefício.

Os espíritos imperfeitos, que trabalham na quimbanda, também se dividem em duas classes: os exus e os quiumbas. Conforme já vimos, os mais inferiores, os quiumbas (ou eguns), são espíritos desencarnados, habitantes deste planeta e de outros, dos quais muitos ainda não encarnaram uma só vez, tamanho o atraso em que se encontram. São maldosos, levianos, perturbadores, impuros e de pouca sabedoria, e devemos pedir em preces sua evolução. Quando os quiumbas se elevam em compreensão e trabalho, passando a um plano melhor, são denominados exus, que ainda trabalham dentro da quimbanda, embora estejam se aperfeiçoando para a prática do bem.

## Os orixás na umbanda

### *Oxalá*

É o chefe supremo da nossa umbanda. Sua cor é o branco, que representa a pureza, e seu símbolo na umbanda é a cruz. Apresenta-se sob dois aspectos: Oxalufã, um velho doente e curvado, e Oxaguiã, um jovem guerreiro. É sincretizado com Jesus Cristo e corresponde ao inquice banto Lemba. Oxalá jovem é Jesus menino, Oxalá velho é Jesus crucificado.

### *Iemanjá*

É o orixá feminino mais popular do Brasil. É a rainha do mar, a Dandalunda dos bantos, a sereia europeia, a iara indígena. Sua cor é o azul e seu símbolo na umbanda é o coração. É sincretizada com a Virgem Maria sob diversas denominações: Nossa Senhora da Glória, Nossa Senhora dos Navegantes e às vezes Nossa Senhora da Conceição. Protetora das mães, dos marinheiros e dos pescadores, recebe grande homenagem no dia 31 de dezembro, quando as festividades no mar alcançam grandes proporções.

### *Ogum*

Orixá guerreiro, diz a lenda que era temível, realizava expedições de conquista e sempre regressava com enorme presa de guerra. Padroeiro dos militares, enfrenta qualquer demanda e castiga os faltosos.

Seu nome banto é Roxomucumbe. Seu símbolo é a espada e sua cor, na umbanda, é o vermelho. É sincretizado com São Jorge ou São Sebastião. Como Ogum Xoroquê, realizador de grandes prodígios, é sincretizado com Santo Antônio.

## Oxóssi

É o orixá das matas e da caça. Amigo do homem, assegura a presa aos caçadores que, graças à sua proteção, garantem o sustento das aldeias. Mas Oxóssi pune quem caça sem necessidade, pois o seu habitat é a floresta e ele é o protetor dos animais silvestres. Sua insígnia é o arco e flecha, e sua cor é o verde. É sincretizado com São Sebastião ou São Jorge. Corresponde ao inquice banto Mutalambô.

## Xangô

É o orixá do trovão e representante da justiça. Por isso é considerado o advogado dos pobres. Seu nome banto é Zaze, o raio com que Deus castiga os malfeitores e mentirosos. O símbolo de Xangô é a machadinha de dois gumes (oxé) e sua cor na umbanda é o marrom. De acordo com a tradição vinda da África, existem diversas variedades de Xangô. Algumas delas sobreviveram na umbanda: Xangô Aganju, sincretizado com São Miguel Arcanjo, Xangô Agodô, sincretizado com São Jerônimo, Xangô Dadá, sincretizado com São João Batista, Xangô Caô, sincretizado com São Pedro, e Xangô Alafim, sincretizado com São José.

## Ibeji

Par de orixás gêmeos, representantes e protetores das crianças, possuem grande força. Gostam de fazer prognósticos do futuro e traquinagens inocentes, mas seu forte é a promoção da paz na família. Usam cor-de-rosa e apreciam doces e brinquedos. São respeitadíssimos dentro dos terreiros de umbanda. Os Ibejis são sincretizados com os santos Cosme e Damião e seu nome banto é Vunge.

*Iansã*
Orixá dos ventos e das tempestades, controla os eguns ou quiumbas (espíritos desencarnados). Seus símbolos na umbanda são uma espada curta e uma taça. É sincretizada com Santa Bárbara e corresponde ao inquice banto Maionga. Sua cor na umbanda é o amarelo.

*Nanã*
Orixá feminino de grande poder, segundo a lenda é a mais velha das mães d'água, considerada avó dos orixás. Sua maior influência é sentida no fundo dos lagos, na lama da foz dos rios e nas ruínas, tendo poder sobre os mortos, que recebe no seio da terra. O símbolo de Nanã é o ibiri, uma espécie de vassoura feita de talos de folha de palmeira, com a qual faz limpezas espirituais. Nanã é sincretizada com Santa Ana e seu nome banto é Zambarandá. Sua cor na umbanda é o roxo.

*Oxum*
Orixá das fontes e dos regatos de água doce, corresponde ao inquice banto Kissimbi. Sua cor na umbanda é o azul e seus símbolos são o coração e a lua crescente. Apesar de jovem, é uma senhora bastante séria, por ser ligada à maternidade e aos cuidados com os bebês. É sincretizada com Nossa Senhora da Conceição.

*Ossãe*
Existia na África um orixá masculino chamado Ossaim, filho de Iemanjá e Oxalá, grande feiticeiro, dono do poder mágico das folhas. Na umbanda, ele se tornou uma divindade feminina, Ossãe (também chamada de Ossanha), conhecedora dos segredos da flora e da medicina das nações africanas, a Mãe das Folhas. Ossãe é sincretizada com Santa Maria Madalena e corresponde ao inquice banto Katendê.

## Oxumarê

No candomblé, Oxumarê é um orixá bissexual. Durante metade do ano ele é uma serpente, seu aspecto masculino; durante a outra metade é o arco-íris, seu aspecto feminino. Na umbanda, essa divindade tornou-se Oxum-Maré, uma sereia. Corresponde ao inquice banto Angoroméa.

## Obá

Divindade das águas revoltas e da justiça, foi uma das mulheres de Xangô. Traz uma orelha coberta e usa espada e um escudo de cobre. É sincretizada com Santa Joana d'Arc.

## Iroco

Esse orixá corresponde ao inquice banto Kitembo e governa as mudanças do tempo. Na África, Iroco é uma árvore sagrada que serve de morada para espíritos e feiticeiras que aparecem sob a forma de pássaros. Na umbanda, é sincretizado com São Francisco de Assis.

## Omulu

Orixá da peste, da varíola e das epidemias em geral, corresponde ao inquice banto Cajanje. Na umbanda é considerado o médico dos pobres. Diz a lenda que, devido a seus defeitos físicos resultantes de grave doença, não gostava de se apresentar em público. Seus símbolos são o cruzeiro das almas e um cajado; sua cor é o preto. Omulu tem dois aspectos: um jovem e um velho. Omulu jovem é sincretizado com São Roque e Omulu velho, com São Lázaro. Sendo estreitamente ligado aos mortos, é lembrado no Dia de Finados.

## Exu

É o agente mágico universal, chamado pelos bantos de Bombojiro. Tanto trabalha para o bem como para o mal; isso lhe é indiferente, desde que receba por seus serviços. Seu símbolo é o tridente (que representa os cruzamentos dos caminhos) e suas cores são o vermelho e o preto. É o dono das encruzilhadas e lidera os espíritos das ruas que atuam na quimbanda, sendo o guardião do limiar entre os mundos da luz e das trevas. Servo dos guias mais evoluídos, Exu não julga ninguém nem discute os pedidos de consulentes: sua função é executar a magia da umbanda.

## As sete linhas da umbanda

Os espíritos que atuam na umbanda se dividem em sete linhas. As linhas da umbanda são poderosos exércitos, divididos em legiões, sublegiões, falanges, subfalanges e grupamentos. Cada linha tem como chefe um orixá de primeiro plano, que é orientado pelo Supremo Mestre Jesus.

Cada orixá de primeiro plano se desmembra em vibrações de planos diferentes, do primeiro ao sétimo graus. Assim temos a seguinte estrutura subordinada a um orixá de primeiro plano regente de uma linha:

Sétimo grau: 7 legiões = 7 orixás menores chefes de legião.

Sexto grau: 7 legiões x 7 = 49 orixás menores que chefiam sublegiões.

Qinto grau: 49 sublegiões x 7 = 343 orixás menores que chefiam falanges.

Quarto grau: 343 falanges x 7 = 2.401 guias que chefiam subfalanges.

Terceiro grau: 2.401 subfalanges x 7 = 16.807 protetores que chefiam grupamentos.

Segundo grau: 16.807 grupamentos x 7 = 117.649 protetores que chefiam subgrupamentos.

Primeiro grau: 117.649 subgrupamentos x 7 = 823.543 protetores que integram os subgrupamentos.

Somando todas essas entidades, teremos 970.799 irradiações ou vibrações do orixá que chefia a linha.

O orixá só incorpora em irradiação, não diretamente (em corpo fluídico). Se algum médium o fizer, ou seja, se a entidade se apresentar com o nome do orixá de primeiro plano, esta incorporação é de um auxiliar deste orixá, que tem permissão para usar o seu nome (ou é um espírito mistificador).

Considerando que conforme a entidade vai do primeiro para o sétimo grau seu nível de luz aumenta, podemos perceber que o grau da vibração que incorpora em um médium está em relação direta com o nível de aperfeiçoamento espiritual deste. Assim, a maioria dos médiuns recebe vibrações entre o primeiro e o terceiro graus. Os dirigentes (pais e mães-de-santo), dependendo de sua evolução, poderão incorporar vibrações do quarto ao sétimo nível, sendo que este último é raríssimo, ocorrendo somente em indivíduos com um nível muito alto de desprendimento material e grande conhecimento do plano espiritual.

Vejamos agora a estrutura básica das linhas da umbanda.

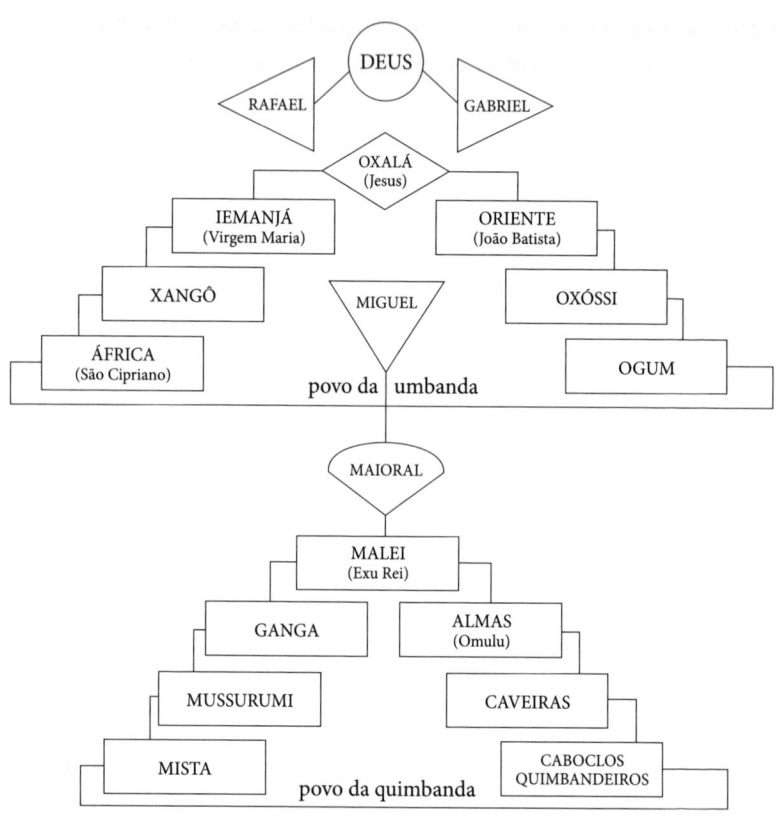

Estrutura espiritual da umbanda

*Linha de Oxalá*
Regente – Oxalá (Nosso Senhor Jesus Cristo)
Também é chamada de Linha de Santo. É formada por espíritos de origens variadas (padres, freiras, santos católicos, ex-escravos, caboclos etc.) cuja missão é neutralizar as maldades dos espíritos de baixo grau de evolução e doutrinar esses espíritos para levá-los ao caminho do bem. As legiões que a compõem são as seguintes:
Legião de Santo Antônio – caboclos.
Legião de Cosme e Damião – crianças.
Legião de Santa Rita – freiras.
Legião de Santa Catarina – caboclas.
Legião de São Benedito – caboclos.
Legião de Santo Expedito – caboclos.
Legião de São Francisco de Assis – padres.
Os guias que trabalham na Linha de Oxalá são os caboclos Gira-Sol, Rompe-Neve, Tamoio, Yarimá, Tupã, Grajaúna, Yamar e outros.
Entre as legiões da Linha de Oxalá destaca-se a *Legião das Crianças* (Yori, Ibejis, Cosme e Damião ou Beijada), que tem como orixás principais, chefes de falanges, as crianças: Tupanzinho, Ori, Yariri, Doum, Yari, Damião e Cosme. Os guias que trabalham na legião de Ibejis são as crianças: Crispim, Crispiniano, Mariazinha, Joãozinho, Zequinha, Paulinho, Chiquinho, Juquinha, Zezinho, Didinho, Manoelzinho e outros.

*Linha de Iemanjá*
Regente – Iemanjá (Nossa Senhora)
É formada por espíritos das águas cuja missão é desmanchar feitiços e fazer trabalhos para o bem. As legiões que a compõem são as seguintes:
Legião de Sereias – Oxum.
Legião de Ondinas – Nanã.
Legião de Caboclas do Mar – Indaiá.

Legião de Caboclas do Rio – Iara, Mãe d'água.
Legião de Marinheiros – Tarimá.
Legião de Calungas – Calunguinha.
Legião de Estrela Guia – Maria Madalena.
As caboclas que trabalham na Linha de Iemanjá são Jandira, Jacira, Jupira, Jucanã, Irê, Estrela do Mar, Estrela d'Alva e outras.

*Linha de Xangô*
Regente – Xangô (São Jerônimo)
É formada por caboclos e pretos-velhos que vivem em pedreiras. Sua missão é exercer a justiça. As legiões que a compõem são as seguintes:
Legião de Iansã – caboclas.
Legião do Caboclo do Sol e da Lua – caboclos.
Legião do Caboclo da Pedra Branca – caboclos.
Legião do Caboclo dos Ventos – caboclos.
Legião do Caboclo Treme Terra – caboclos.
Legião do Caboclo das Cachoeiras – caboclos.
Legião do Quenguelê – pretos-velhos.
Os guias que trabalham na Linha de Xangô são os caboclos Junco Verde, Gira Mundo, Ventania, Rompe Serra, Cachoeirinha dos Ventos, Rompe Aço, Colina, Araguaia, Tibúrcio, Quatro Luas, Mato Verde e outros.

*Linha de Ogum*
Regente – Ogum (São Jorge)
É formada por oguns ligados às outras linhas, cuja missão é fazer trabalhos de demanda. As legiões que a compõem são as seguintes:
Legião de Ogum Beira Mar - oguns de praia ligados a Xangô.
Legião de Ogum Rompe Mato - oguns das matas ligados a Oxóssi.
Legião de Ogum Iara - oguns de rios ligados a Iemanjá.
Legião de Ogum Naruê - oguns ligados a Oxalá.

Legião de Ogum de Malei – oguns ligados ao Povo das Ruas.
Legião de Ogum de Nagô – oguns ligados aos pretos-velhos.
Legião de Ogum Megê – oguns ligados à Linha das Almas (dos Cemitérios).

Os guias que trabalham na Linha de Ogum são os caboclos Humaitá, Sete Espadas, Lança Flecha de Ouro, Timbiri, Tira Teima, Araguari, Araxá dos Matos e outros.

*Linha de Oxóssi*
Regente – Oxóssi (São Sebastião)

É formada por caboclos cuja missão é realizar curas e trabalhos de doutrinação. As legiões que a compõem são as seguintes:
Legião do Caboclo Urubatão – caboclos ligados a Oxalá.
Legião do Caboclo Arariboia – caboclos ligados a Ogum.
Legião do Caboclo Sete Encruzilhadas – caboclos aimorés, tupis etc.
Legião do Caboclo Águia Branca – caboclos peles-vermelhas.
Legião da Cabocla Jurema – caboclas.
Legião do Caboclo Araúna – caboclos guaranis.
Legião do Caboclo Grajaúna – caboclos tamoios.

Os guias que trabalham na Linha de Oxóssi são os caboclos Ubirajara, Urubatão, Arariboia, Pena Branca, Pena Verde, Sete Flechas Guaraci, Pena Azul, Piratini, Turiaçu, Tupiniquim, Aimoré, Três Estrelas, Tupinambá e outros.

*Linha Africana*
Regente – São Cipriano

Também chamada *Yorimá dos pretos-velhos*, é formada por pretos-velhos (ex-escravos) cuja missão é realizar trabalhos de magia do bem. As legiões que a compõem são as seguintes:
Povo da Costa – pretos-velhos ligados aos cemitérios. Chefe: Pai Francisco.
Povo do Congo – pretos-velhos ligados às crianças. Chefe: Pai Congo.

Povo de Angola – pretos-velhos ligados às matas. Chefe: Pai José.
Povo de Moçambique – pretos-velhos ligados às matas. Chefe: Pai Jerônimo.
Povo de Benguelê – pretos-velhos ligados a Oxalá. Chefe: Pai Benguela.
Povo de Luanda – pretos-velhos ligados a Iemanjá. Chefe: Pai Cambinda.
Povo de Guiné – pretos-velhos ligados aos cemitérios. Chefe: Zum-Guiné.

Os guias que trabalham na Linha Africana são os pretos-velhos Pai Jacó, Pai Arruda, Pai Benedito, Pai Tomás, Pai Guiné, Pai Serapião, Pai Tomé, Pai Joaquim, Pai Jobá, Vó Cambinda, Tia Conga, Pai Nestor, Vó do Pito, José de Arruda, Tia Maria e outros.

*Linha do Oriente*
Regente – São João Batista

É formada por grandes mestres do ocultismo, magos, cientistas etc. Sua missão é fazer a caridade através da alta magia. As legiões que a compõem, com seus chefes, são as seguintes:

Legião de hindus – Zartu.
Legião de árabes e marroquinos – Jimbaruê.
Legião de médicos e cientistas – José de Arimateia.
Legião de japoneses, chineses e mongóis – Ori do Oriente.
Legião de egípcios, astecas, incas, esquimós e outros povos antigos – Inhoarairi, imperador inca.
Legião de índios caraíbas – Itaraiaci.
Legião de gauleses, romanos e outros povos europeus – Marcos I, imperador romano.

## Cruzamentos entre as linhas da umbanda

Uma entidade cruzada é aquela que pertence à vibração de um orixá mas trabalha em conjunto com outra linha, comunicando-se com uma entidade dessa segunda linha.

*Intermediários que trabalham na Linha de Oxalá*
Caboclo Ubirajara vibra com Cabocla Estrela do Mar, da Linha de Iemanjá.
Caboclo Aimoré vibra com Xangô da Pedra Branca, da Linha de Xangô.
Caboclo Guaraci vibra com Ogum Matinada, da Linha de Ogum.
Caboclo Guarani vibra com Caboclo Arruda, da Linha de Oxóssi.
Caboclo Tupi vibra com Pai Tomé, da Linha Africana.
Caboclo Ubiratã vibra com Ori, da Legião das Crianças.

*Intermediários que trabalham na Linha de Iemanjá*
Cabocla Estrela do Mar vibra com Caboclo Ubirajara, da Linha de Oxalá.
Cabocla Iansã vibra com Xangô Sete Pedreiras, da Linha de Xangô.
Cabocla do Mar vibra com Ogum Iara, da Linha de Ogum.
Cabocla Indaiá vibra com Caboclo Pena Branca, da Linha de Oxóssi.
Cabocla Nanã vibra com Pai Arruda, da Linha Africana.
Cabocla Oxum vibra com Yariri, da Legião das Crianças.

*Intermediários que trabalham na Linha de Xangô*
Xangô Pedra Branca vibra com Caboclo Aimoré, da Linha de Oxalá.
Xangô Sete Pedreiras vibra com Cabocla Iansã, da Linha de Iemanjá.
Xangô Sete Montanhas vibra com Ogum Beira Mar, da Linha de Ogum.
Xangô Agodô vibra com Caboclo Cobra-Coral, da Linha de Oxóssi.

Xangô Pedra Preta vibra com Vovó Maria Conga, da Linha Africana.
Xangô Sete Cachoeiras vibra com Doum, da Legião das Crianças.

*Intermediários que trabalham na Linha de Ogum*
Ogum Matinada vibra com Caboclo Guaraci, da Linha de Oxalá.
Ogum Iara vibra com Cabocla do Mar, da Linha de Iemanjá.
Ogum Beira Mar vibra com Xangô Sete Montanhas, da Linha de Xangô.
Ogum Rompe Mato vibra com Caboclo Arariboia, da Linha de Oxóssi.
Ogum de Malê vibra com Pai Benedito, da Linha Africana.
Ogum Megê vibra com Yari, da Legião das Crianças.

*Intermediários que trabalham na Linha de Oxóssi*
Caboclo Arruda vibra com Caboclo Guarani, da Linha de Oxalá.
Caboclo Pena Branca vibra com Cabocla Indaiá, da Linha de Iemanjá.
Caboclo Cobra-Coral vibra com Xangô Agodô, da Linha de Xangô.
Caboclo Arariboia vibra com Ogum Rompe Mato, da Linha de Ogum.
Caboclo Tupinambá vibra com Pai Joaquim, da Linha Africana.
Cabocla Jurema vibra com Damião, da Legião das Crianças.

*Intermediários que trabalham na Linha Africana*
Pai Tomé vibra com Caboclo Tupi, da Linha de Oxalá.
Pai Arruda vibra com Cabocla Nanã, da Linha de Iemanjá.
Vovó Maria Conga vibra com Xangô Pedra Preta, da Linha de Xangô.
Pai Benedito vibra com Ogum Malê, da Linha de Ogum.
Pai Joaquim vibra com Caboclo Tupinambá, da Linha de Oxóssi.
Pai Congo vibra com Cosme, da Legião das Crianças.

*Intermediários que trabalham na Legião de Ibejis*
Ori vibra com Caboclo Ubiratã, da Linha de Oxalá.
Yariri vibra com Cabocla Oxum, da Linha de Iemanjá.
Doum vibra com Xangô Sete Cachoeiras, da Linha de Xangô.
Yari vibra com Ogum Megê, da Linha de Ogum.
Damião vibra com Cabocla Jurema, da Linha de Oxóssi.
Cosme vibra com Pai Congo, da Linha Africana.

## As sete linhas da quimbanda

Não poderíamos deixar de citar aqui as entidades que trabalham na "outra banda". Primeiramente é preciso lembrar que, para a umbanda, essas entidades não são personificações da maldade, mas apenas espíritos imperfeitos, que ainda estão em um nível evolutivo baixo. É por isso que, embora trabalhem separadamente, estão sob o controle das entidades da umbanda.

As entidades da quimbanda podem ser divididas em dois grandes grupos: o Povo das Ruas e o Povo dos Cemitérios. O primeiro reúne os espíritos que frequentam as encruzilhadas, estradas e outros caminhos. O Povo das Ruas trata de todos os assuntos relacionados com a nossa vida "na rua": o trabalho, o dinheiro, os negócios, a segurança.

O Povo dos Cemitérios congrega os espíritos relacionados com as doenças, os males diversos e a morte. Eles vagam pelos cemitérios, reunindo-se particularmente em torno do Cruzeiro das Almas.

As entidades da quimbanda estão organizadas em sete linhas de estrutura semelhante às da umbanda. Seus chefes são comandados pelo chamado Maioral da quimbanda, que é Exu, conhecido no cristianismo como Lúcifer, o anjo decaído. Este, por sua vez, obedece a São Miguel Arcanjo, que está sob as ordens diretas de Oxalá. Vejamos agora alguns detalhes sobre as linhas da quimbanda.

*Linha de Malei*
Chefe – Exu Rei.

É formada por exus do Povo das Ruas, que se dividem em sete legiões, cada uma trabalhando a serviço de uma das linhas da umbanda.

*Servos de Oxalá* – exus chefiados pelo Exu Sete Encruzilhadas, que protege os caminhos. Incluem os exus Sete Capas, Sete Chaves, Sete Cruzes, Sete Pembas, Sete Poeiras e Sete Ventanias.

*Servas de Iemanjá* – pombagiras chefiadas pela Pombagira Rainha, que lida com os assuntos das mulheres. Incluem as pombagiras Carangola, Gererê, Macangira, do Mar, Maré e Nanguê.

*Servos de Xangô* – exus chefiados pelo Exu Gira Mundo, que controla as tempestades. Incluem os exus Mangueira, Ventania, Pedreira, Meia-noite, Quebra Pedra e Corcunda.

*Servos de Ogum* – exus chefiados por Seu Tranca Ruas, que guarda as porteiras. Inclui os exus Tiriri, Veludo, Porteira, Tira Teima, Limpa Tudo, Tira Toco e Tranca Gira.

*Servos de Oxóssi* – exus chefiados pelo Exu Marabô, que governa as matas. Inclui os exus Campina, das Matas, Lonã, Pemba, Capa Preta e Bauru.

*Servos dos Pretos-velhos* – exus chefiados pelo Exu Pinga Fogo, que controla o fogo e o lodo. Inclui os exus Alebá, Bará, Brasa, Come Fogo e do Lodo.

*Servos das Crianças* – exus crianças chefiados pelo exu Tiriri Menino, que controla os assuntos ligados às crianças. Inclui os exus Ganga, Lalu, Manguinho, Mirim, Veludinho e Toquinho.

*Linha das Almas*
Chefe – Omulu (São Lázaro).

É formada por entidades do Povo dos Cemitérios, denominadas almas.

*Linha das Caveiras*
Chefe – João Caveira.
É formada por entidades do Povo dos Cemitérios que se manifestam sob o aspecto de esqueletos.

*Linha de Ganga*
Chefe – Gererê.
É formada pelo Povo de Ganga: espíritos nagôs que frequentam as encruzilhadas.

*Linha de Mussurumi*
Chefe – Caminaloá.
É formada por espíritos de diversos povos africanos (zulus, cafres etc.).

*Linha de Caboclos quimbandeiros*
Chefe – Pantera Negra.
É formada por espíritos de índios completamente selvagens.

*Linha Mista*
Chefe – Exu das Campinas.
É formada por exus das matas e dos rios de diferentes origens.

# A PRÁTICA DA UMBANDA

## NOSSA VIDA ESPIRITUAL

### O orixá de cabeça e outras entidades

O primeiro fato essencial que devemos entender é que todo indivíduo, iniciado na umbanda ou não, recebe a influência de um dos orixás dirigentes das linhas da umbanda. A pessoa não precisa frequentar um terreiro nem submeter-se à iniciação para obter a proteção desse que é denominado o orixá de cabeça ou anjo da guarda. O orixá de cabeça direciona as tendências inatas da pessoa, reforçando as positivas e reduzindo as negativas. Portanto, pode ser útil a qualquer pessoa conhecer seu orixá de cabeça, para tomar as medidas necessárias e se harmonizar melhor com sua vibração.

Segundo a umbanda esotérica, os orixás Oxalá, Iemanjá, Ogum, Xangô, Oxóssi, Omulu e Ibeji são os espíritos evoluídos que o ocultismo considera como regentes das esferas planetárias e que governam a Terra através das influências dos planetas. Segundo essa interpretação, Oxalá corresponde ao Sol; Iemanjá, à Lua; Ogum, a Marte; Xangô, a Júpiter; Oxóssi, a Vênus; Omulu, a Saturno; e Ibeji, a Mercúrio.

Sabemos da Astrologia que o Sol rege o signo de Leão; a Lua, o de Câncer; Mercúrio, os de Gêmeos e Virgem; Vênus, os de Touro e Libra; Marte, os de Áries e Escorpião; Júpiter, os de Sagitário e Peixes; e Saturno, os de Capricórnio e Aquário. A umbanda esotérica usa essa correspondência para identificar o orixá de cabeça da pessoa, que é o regente do seu signo solar (aquele em que o Sol estava no dia do seu nascimento).

Além do orixá de cabeça, o médium tem uma entidade atuante, responsável por sua mediunidade, que é o seu guia — geralmente um caboclo ou um preto-velho. Poderá ter também uma ou mais entidades protetoras, que se aproximarão da pessoa com a devida licença do seu guia.

### A aura protetora

Segundo o ocultismo, o ser humano tem um corpo de energia, a aura, formado por uma parte imortal, permanente, e outra parte mortal, transitória. O ser espiritual mortal (o perispírito) é como um campo de energia que emana do corpo e que, a princípio, se extingue após a morte física. Entretanto, de acordo com a teoria do espiritismo, a evolução espiritual do indivíduo pode fazer com que seu ser espiritual mortal seja transmutado em imortal.

A aura é uma irradiação fluídica que se desprende do ser humano para proteção do mesmo. Ela tem uma forma ovóide e envolve o corpo como se a pessoa estivesse dentro de uma bolha. Nos homens a aura é mais acentuada nos ombros, o mesmo acontecendo com as meninas até a puberdade; na mulher a luminosidade se dilata ao redor da bacia, chegando até a 20 ou 25 centímetros além do corpo. A aura é mais larga com a pessoa vista de perfil do que de frente.

A aura não sofre influências físicas externas, mas é atingida nos casos de pertubações ou doenças. A pessoa de mau caráter tem uma aura rompida, que desprende maus fluidos aos que se aproximarem dela. O contrário acontece com as pessoas bem formadas: a aura as protege, como um sentido extra que as avisa das ameaças, e há o retorno da má influência a quem a enviou. Se a pessoa estiver gozando de boa saúde, tranquilidade material e espiritual, a aura atinge um alto grau de luminosidade, irradiando bem-estar para as pessoas que a circundam. No caso contrário, a aura é rompida e produz mal-estar — caso muito comum que encontramos na vida diária, quando não sentimos afinidade e, às vezes, sentimos até repulsa por certas pessoas.

A aura é dividida em três zonas distintas:

1ª. Fluídica: é uma faixa de meio centímetro de largura que envolve o corpo e que, conforme o estado da pessoa, se dilata ou contrai, sendo a parte mais ligada ao corpo físico.

2ª. Interior: envolve a precedente, atingindo de 3 a 8 centímetros de largura.

3ª. Cromática ou exterior: não tem um contorno definido, expandindo-se e tornando-se cada vez mais tênue até desaparecer quase totalmente no espaço. É esta camada que dá a cor característica da aura de uma pessoa.

A aura pode apresentar diferentes cores: branco, amarelo (ou dourado), azul, verde, alaranjado, vermelho, preto. Cada uma dessas cores está associada a um estado de espírito diferente. Para entender isso, o leitor poderá fazer uma pequena experiência. Nos dias em que sentir contrariedade e tristeza, procure vestir alguma peça de roupa de cor amarela, e verá a transformação em seguida, pois lhe voltará a alegria e suas forças serão redobradas. Com a cor vermelha você ficará mais agressivo, e o preto atrairá a tristeza e o desânimo.

O colorido da aura varia conforme o grau evolutivo do indivíduo. A aura de cor preta pertence aos quiumbas, espíritos que se encontram no mais baixo grau de evolução, e também a certa classe de homens que habitam o nosso planeta.

A aura vermelha é irradiada pelos exus, que são espíritos em evolução. Era a cor atuante neste planeta nos tempos primitivos, porque a humanidade necessitava usar a força para a sua sobrevivência, mas já havia ultrapassado o preto.

A aura alaranjada passou a predominar depois do vermelho, e deu maior expansão e desenvolvimento para a vida humana. É apresentada por grande parte dos habitantes deste planeta hoje, embora alguns possam ter conseguido a cor verde e mesmo a cor azul, dependendo do grau de abnegação e desprendimento da vida material de cada um.

A aura verde é irradiada pelos caboclos e pretos-velhos dedicados à nobre missão da prática do bem. Essa cor começa a se tornar frequente em nosso planeta, embora ainda ocorram bastante os matizes vermelho e alaranjado.

A aura azul é a irradiação conseguida pelos orixás menores e guias protetores. Ela pertence a um grau bem alto de evolução, que bem poucos neste mundo conseguem conquistar.

A aura amarela é conseguida por nossos orixás de primeiro plano e pelos santos, e a branca só foi conseguida por Nosso Senhor Jesus Cristo. Essas duas cores correspondem a um plano de evolução superior, ainda não atingido pelo habitante comum de nosso planeta.

### A mediunidade

A mediunidade é uma força emanada pelo Supremo Criador e distribuída aos habitantes deste planeta, conforme a missão pré-estabelecida de cada um. A finalidade é permitir ao indivíduo servir de intermediário entre o invisível (o mundo dos espíritos) e o visível (o dos seres humanos). O termo vem de *medium*, que significa meio — neste caso, meio de comunicação.

O praticante da mediunidade é chamado, em geral, de médium, mas recebe nomes específicos nas diferentes religiões. Nas sessões kardecistas é chamado de aparelho; na umbanda, é o cavalo (porque o médium serve de montaria para a entidade); na quimbanda, é denominado burro.

Quando uma pessoa toma a decisão de se iniciar na umbanda, passa a dedicar sua vida a desenvolver sua mediunidade para poder usá-la numa missão de amor e caridade.

Poderemos dividir a mediunidade em dois tipos distintos: consciente e inconsciente. A mediunidade consciente é aquela em que a pessoa é dirigida — voluntária ou involuntariamente — para uma comunicação mediúnica, mas guarda a lembrança do acontecido. A mediunidade inconsciente ocorre quando o indivíduo fica num transe total, não recordando nada do acontecido.

O médium inconsciente é o sonâmbulo, que pode ser de dois subtipos. O sonâmbulo nato entra em sono profundo sem dar a sua participação ativa, necessitando de cuidados especiais para a sua sobrevivência, pois tais ataques não escolhem hora ou local. Já o sonâmbulo praticante é o médium que pratica o sonambulismo de forma sistemática, fazendo comunicações e previsões.

O médium consciente pode ser intuitivo, clarividente, motor ou incorporativo. O médium intuitivo recebe os fluidos da entidade espiritual em diversas partes do corpo (cérebro, orgão visual e membros superiores), podendo a força atuante estar próxima ou distante. Na mediunidade intuitiva, encontramos os médiuns auditivos, videntes, doutrinadores e escreventes (psicógrafos).

Os médiuns motores são os médiuns de efeitos físicos, que fornecem energia para os trabalhos de interesse da ciência, principalmente da parapsicologia, com resultados assombrosos, deixando o incrédulo boquiaberto diante dos efeitos apresentados, pois a levitação, o transporte e a materialização parcial ou total deslumbram os crentes e desafiam os pesquisadores descrentes.

Os médiuns clarividentes têm a faculdade da visão extracorpórea. São de grande utilidade nas sessões espirituais, pois confirmam ou não a permanência desta ou daquela entidade espiritual, ou mesmo da pessoa desencarnada, que esteve presente nos trabalhos.

Na mediunidade incorporativa (a forma mais comum), o médium recebe os fluidos sobre o sistema nervoso, principalmente na coluna vertebral. Isso afasta qualquer elemento psíquico que circunda o indivíduo, até mesmo o próprio perispírito, para que a entidade possa manobrá-lo conforme a necessidade de trabalho. Porém o perispírito está de vigília, cuidando e não se afastando acentuadamente, para voltar a tomar posse de seu corpo no momento preciso. A incorporação pode ser total ou parcial.

## O que o neófito deve aprender antes de entrar na curimba

Assim que for considerado pronto pelo pai ou pela mãe-de-santo, o iniciando começa a frequentar as sessões de caridade. Ele irá participar da curimba — o grupo de médiuns que "puxa" os pontos (canta em coro as cantigas determinadas pelo ritual) — e começará a incorporar seu guia.

É dever de todos os chefes de terreiro antes de o neófito entrar na curimba, dar-lhe aulas teóricas, explicando o desenrolar dos trabalhos e a sequência da iniciação. Só assim poderemos evitar futuras mistificações causadas pela ansiedade de alguns que querem ser admirados pelo público. Não se pode conceber que, logo em sua iniciação, o neófito risque pontos e use guias, toalha de orixá etc. Só depois de algum tempo de trabalho é que a própria entidade irá progressivamente solicitando esses materiais e ensinando seu uso.

Para evitar os abusos, que depõem contra a nossa religião, precisamos ensinar: educar, lapidar o neófito, esclarecendo que a distinção existente entre os vários médiuns é motivada pelo número de cruzamentos já efetuados por cada um (guias firmadas ou cruzadas pelo guia).

Tenham paciência, meus irmãos, saibam esperar, não tenham pressa, pois cada guia recebida é mais uma responsabilidade apresentada. Procurem aprender todo o ritual e os dogmas, para serem úteis à comunidade e dar a sua parcela de caridade, não procurando aparecer para não serem criticados, ficando malvistos entre seus colegas de culto. Tenham paciência e esperem; se vocês tiverem a missão de dirigir a corrente, com o tempo chegarão lá.

## A ORGANIZAÇÃO DO CULTO

### O altar da umbanda

O altar da umbanda (também chamado gongá ou congá) ocupa posição de destaque no salão do templo onde se realizam as sessões públicas. É o ponto de convergência das vibrações da corrente mediúnica e o foco para a concentração dos fiéis.

O gongá pode ter uma estrutura muito simples. Sobre um aparador coberto com uma toalha branca são dispostas as imagens dos chefes das linhas da umbanda (e da Legião das Crianças). O aparador costuma ter aproximadamente a forma de uma escada ou de um pódio, de modo que a imagem do nosso Mestre Jesus (Oxalá) fique no degrau mais alto, no centro do altar, e as outras dispostas nas posições mais baixas. As imagens mais comumente expostas, além da de Jesus, são as de Nossa Senhora, Cosme e Damião, São Jorge, São Jerônimo, São Sebastião e São Lázaro. De acordo com a orientação do templo e com o aumento do número de entidades com que seus médiuns trabalham, outras imagens podem ser acrescentadas progressivamente. Os adornos opcionalmente acrescentados são: flores, castiçais com velas e quadros com imagens (a cruz de Oxalá, a estrela de seis pontas da umbanda, representações de guias e mestres espirituais).

Cabe aqui uma observação acerca das imagens colocadas no altar. Como resultado do sincretismo, a umbanda adotou as imagens de santos para representar os orixás. Isto não significa, entretanto, que o umbandista esteja cultuando o santo católico: a imagem é apenas uma representação religiosa, um ícone que auxilia o fiel a entrar em contato com os mestres espirituais.

Desde o começo do mundo, o homem respeitou e temeu os seres sobrenaturais. Assim começou a imaginar a forma dos mesmos para pintá-los e esculpi-los, dando-lhes uma forma rústica, para adorá-los e respeitá-los posteriormente. Dessa maneira, começaram a surgir os deuses da natureza, respeitados pelo homem. Com a vinda do filho de Deus, Nosso Senhor Jesus Cristo, e, posteriormente, com a criação do cristianismo, a igreja aboliu essas imagens de deuses, mas adotou as representações de seus mártires e santos. É assim que, até os nossos dias, as religiões possuem imagens de seus santos ou de seus fundadores. E esta não é só uma tradição religiosa. Podemos reconhecer nossos pais, irmãos, filhos e netos, que passaram por este planeta, por intermédio das imagens e fotografias. Assim reconhecemos também os grandes vultos da vida de uma nação.

A nossa querida umbanda adota as imagens de santos para representar seus orixás, porque os escravos assim procediam para cultuá-los em paz com seus senhores. Sou a favor da tradição das imagens dos santos, pois elas nos dão a representação da figura completa de como era esta ou aquela entidade. Assim, o poder de concentração do médium é maior, pois sua mente fica em irradiação harmonizada com a entidade. Caso contrário, ficaríamos imaginando a formação corpórea de cada um, conforme fosse explicado por alguém. Que ideia teríamos, se não houvesse a imagem de Nosso Senhor Jesus Cristo? Cada um faria sua própria conjectura, nunca chegando a um acordo com as demais pessoas. Com as imagens de fácil reconhecimento, podemos reverenciar os santos e nossos entes queridos.

## Os objetos do culto

### *Guias*

As guias não são enfeites ou adornos pessoais. Elas têm finalidades específicas no culto. A umbanda utiliza dois tipos de guias: as de proteção e as de raiz.

As guias de proteção servem para proteger seu usuário contra energias negativas.

As guias de raiz representam os orixás: o número de guias desse tipo corresponde ao número de orixás já cruzados com o médium. Daí, a responsabilidade aumenta na proporção das guias acumuladas por quem as usa.

Só depois de um certo tempo de experiência de incorporação no médium é que a entidade solicita a guia de trabalho, ensinando como ela deve ser confeccionada. E antes de o médium usá-la, a própria entidade faz o seu cruzamento. Só depois é que o médium começa a usar a nova guia.

Usar uma guia indica que o médium já está firme na linha correspondente e trabalhando bem nela. Se o elemento usar duas, isso quer dizer que está apto a receber e trabalhar com duas entidades de luz. Se forem três guias, são três entidades, e poderemos considerá-lo como bom médium, e a sua responsabilidade será ainda maior. Mas lembre-se: não é só acrescentar mais uma guia no pescoço. Na verdade, ela representa uma divisa, e para consegui-la é necessário muito trabalho, abnegação e um compromisso com o seu orixá. Pois, olhando de relance, poderemos julgar um bom médium pelas guias que está usando. Esta seria a análise verdadeira, mas, como toda regra tem exceções, o que vemos por aí são elementos enfeitados de guias, só para aparecer perante o público.

## Vestuário

O traje sacerdotal da umbanda é uma roupa branca sem enfeites, constituída de calça comprida (ou saia comprida para mulheres) e blusão. É igual para todos os médiuns, que deverão estar, de preferência, descalços quando participam da gira. Dependendo da orientação do seu guia, o médium poderá ou não usar uma guia.

A toalha de orixá é uma espécie de cachecol feito de algodãozinho branco, medindo cerca de 30 cm de largura com comprimento que permita dar uma volta no pescoço do médium e deixar duas pontas soltas indo até a sua cintura. Essa toalha faz parte do vestuário litúrgico e tem diversos fins, como envolver a cabeça do médium após uma obrigação, envolver as guias no pescoço e ser usada pelos cambonos para sustentar o médium incorporado sem tocá-lo diretamente.

## Pemba

A pemba é um giz especial importado da África, usado nas religiões afrobrasileiras. As entidades da umbanda usam a pemba para desenhar seus pontos riscados.

A pemba também é socada no pilão e misturada com uma série de ingredientes (benjoim, incenso, mirra, alfazema, pichuri, dandá, anis-estrelado). Esse pó, que é preparado dentro de um ritual, é usado para limpeza espiritual de recintos.

## Símbolos e instrumentos das entidades

Na maioria dos terreiros de umbanda, a simplicidade é a marca da aparência dos médiuns com entidades incorporadas. Digo que isso ocorre na maioria, porque não desejo me aventurar a generalizações erradas. É claro que existirão terreiros em que influências de determinadas vertentes religiosas levarão as entidades a utilizar trajes e utensílios diferenciados; e isso não significa que esses templos sejam menos sérios do que outros.

Entretanto, repito que a tendência mais comum é a simplicidade. Pois as entidades são humildes e não pedem absurdos. O que um guia pode pedir é um cachimbo ou rosário, se for um preto-velho; arco, flechas, cocar e charuto, se for um caboclo. Também podem ser pedidos espadas para Ogum, conchas para as sereias, machadinhas para Xangô e brinquedos para crianças.

Esses objetos, da mesma forma que os trajes mais elaborados, servem para auxiliar a concentração do médium, e para essa finalidade são solicitados pelo guia. Com o tempo, conforme evolua espiritualmente, o médium será orientado pelo guia a abandonar esses apoios materiais.

Às vezes, um neófito pede absurdos, dizendo que a entidade quer, para o melhor desenrolar dos trabalhos. São objetos como avião, piano, acordeon, flauta etc. Se isto ocorrer, os dirigentes da casa deverão ficar atentos para duas possibilidades: ou o neófito, por ansiedade, está simulando a comunicação do seu guia, ou está recebendo um espírito zombeteiro (um quiumba) que se faz passar pelo guia.

## *Defumadores e perfumes*

A umbanda trabalha com dois tipos de defumações: a comum, feita pela pessoa não incorporada, e a realizada pela entidade incorporada.

As entidades defumam seus consulentes, durante a sessão de caridade, com seus cachimbos ou charutos. A finalidade é limpar a aura de cargas negativas, promovendo assim a cura e a desobsessão. Essa defumação só é eficaz quando é feita pelos guias, pois somente eles conhecem e dominam os segredos dessa magia.

A defumação comum é feita pela queima de ervas e resinas. Ela é realizada principalmente para limpar o ambiente, mas pode ter outras finalidades. Uma defumação comum, em casa, pode ser feita com defumadores prontos, em tabletes ou bastões. Entretanto, uma defumação de maior responsabilidade, como a das sessões de umbanda, exige que o dirigente do templo saiba fazer as misturas adequadas de substâncias aromáticas.

É conveniente que o terreiro tenha uma pessoa permanentemente responsável pela defumação, que providenciará a compra de materiais, a limpeza dos utensílios e a execução das defumações durante as sessões, o que inclui a defumação dos participantes na sua chegada, a limpeza inicial do terreiro (antes da abertura da gira), as defumações necessárias durante a sessão e a limpeza final de pessoas e ambiente.

O defumador deve ser queimado em um incensório (turíbulo), de preferência de barro, suspenso por correntes que permitam transportá-lo pelo ambiente. Para usar o incensório, o responsável pelo ritual deve colocar dentro dele uma porção de carvão por cima de um chumaço de algodão e despejar um pouco de álcool sobre tudo. O responsável deve atear fogo ao algodão com antecedência, pois o braseiro só poderá ser usado quando o álcool e o algodão estiverem totalmente queimados. Então, ele joga um punhado do defumador sobre o carvão e agita o incensório para espalhar a fumaça em volta.

Um detalhe importante sobre a realização de defumações é que os rituais de limpeza devem ser iniciados sempre nos fundos do recinto, terminando junto à porta de entrada, onde os resíduos serão deixados para serem posteriormente despachados. Os defumadores de proteção, prosperidade etc. devem seguir o caminho inverso e suas cinzas podem ser despachadas ou postas junto a uma planta dentro do recinto.

Embora existam muitas possibilidades de composições de defumadores, de acordo com a experiência dos sacerdotes e os ensinamentos dos guias, podemos seguir algumas orientações gerais que veremos a seguir. Para preparar cada mistura, deve ser usado um punhado pequeno de cada ingrediente. Os ingredientes sempre serão utilizados sob a forma de pó ou o material esfarelado; para este tipo de defumação não se usam essências.

*Defumador de limpeza geral*: alfazema, alecrim, arruda, benjoim, guiné, incenso, mirra.

*Defumador de prosperidade e harmonia*: açúcar, café, canela, cravo-da-índia, erva-doce.
*Defumador para os caboclos*: eucalipto, louro, guiné.
*Defumador para os pretos-velhos*: guiné, alecrim, arruda.
*Defumador para o povo das águas*: alfazema, rosa, manjericão.
*Defumador para as crianças*: benjoim, açúcar, alecrim.
*Defumador para as almas*: mirra.
*Defumador para a Linha do Oriente*: incenso, alecrim, jasmim.

Os perfumes prontos são usados nas oferendas e em encantamentos, principalmente pela umbanda esotérica. Os aromas escolhidos podem ser os mesmos usados para os defumadores, com a diferença de que serão usados sob a forma de essências líquidas.

## *Banhos*

A umbanda trabalha com diversos tipos de banhos. Os principais são o amaci e o abô. O amaci é uma lavagem da cabeça do médium com a água e as ervas de um orixá. É um ritual de grande responsabilidade, que só pode ser preparado e executado por um sacerdote de grande experiência e saber. É comum que o terreiro não realize outras atividades quando está preparando um amaci, tal a concentração que essa cerimônia exige.

O banho de abô é um banho de descarrego muito potente, que pode ser aplicado a um fiel leigo que está muito carregado ou que procura a solução de um grande problema; quando um médium tem dificuldades para a incorporação ou recebe sua entidade da esquerda (da quimbanda); e também para limpeza no retorno de um funeral. O banho é feito com ervas de todos os orixás, mais obi e orobô, piladas e deixadas durante um certo período de infusão em água de fonte natural. É preparado ritualmente pelo sacerdote, que depois o entrega à pessoa que o usará, que deverá fazer em seguida um período de repouso, frequentemente no próprio templo.

## *Velas*

Um material que não pode faltar nas casas de umbanda é a vela. As velas mais comuns, de uso universal, são as brancas simples, que duram cerca de três horas. Mas é frequente o uso de velas de três e de sete dias, além de velas coloridas, de acordo com o simbolismo das entidades (que você encontrará mais adiante).

## *Pontos riscados (fundamentos)*

Este é um assunto de muita importância dentro de nossa comunidade. Muitas vezes acontece de um neófito querer aparecer, riscando tolices e afirmando que é o ponto de sua entidade; às vezes é um quiumba que vem se divertir, e o cambono tem de conhecer o assunto para não ser ludibriado. Quando é que uma entidade, que vem pela primeira vez, risca seu ponto? São necessário muitos e muitos cidados para ela chegar a tal decisão, e, quando risca, faz um ponto formoso e com fundamento, e não diz para o cambono decifrar, como fazem os mistificadores. A entidade risca o ponto e não pede a confirmação de nenhum ente terreno: risca e está riscado.

A chave de interpretação do ponto é outro assunto a ser esclarecido. Qual é a entidade que fornece a chave do seu ponto? A quem solicitar, nunca! Pois o êxito do trabalho depende do eró (segredo) resguardado.

Quando riscam o ponto pela primeira vez, as entidades solicitam, para o próximo trabalho, uma ponteira (punhal) para a firmeza do mesmo e uma pemba só para o seu uso; não é da primeira vez que incorpora que a entidade risca ponto, dá a chave do mesmo, pede ponteiro e pemba.

Os pontos riscados representam a assinatura da entidade que está trabalhando no terreiro ou tenda. Poucos pais de santo e babalorixás conhecem profundamente os mesmos. Não quero dizer com isso que sou um exímio conhecedor da matéria, mas procuro estudar e analisar para, quando transcrever os mesmos, não cair no ridículo, como muitos o fazem.

É o dever de todo cambono e do próprio dirigente dos trabalhos conhecer as insígnias das diversas linhas de umbanda. Pois aqueles que as desconhecem não poderão contestar as mistificações que porventura possam surgir. Apesar de ser um assunto bastante complexo, irei explicar esta matéria de muita importância para todos que se dedicam com amor e carinho à nossa religião.

O simbolismo básico é o seguinte:

Um círculo representa o universo.

Um triângulo representa a família.

Dois triângulos formando uma estrela de seis pontas representam a umbanda.

Um quadrado representa os quatro elementos da natureza.

É importante ressaltar que o triângulo, a estrela e o quadrado estarão sempre dentro do círculo.

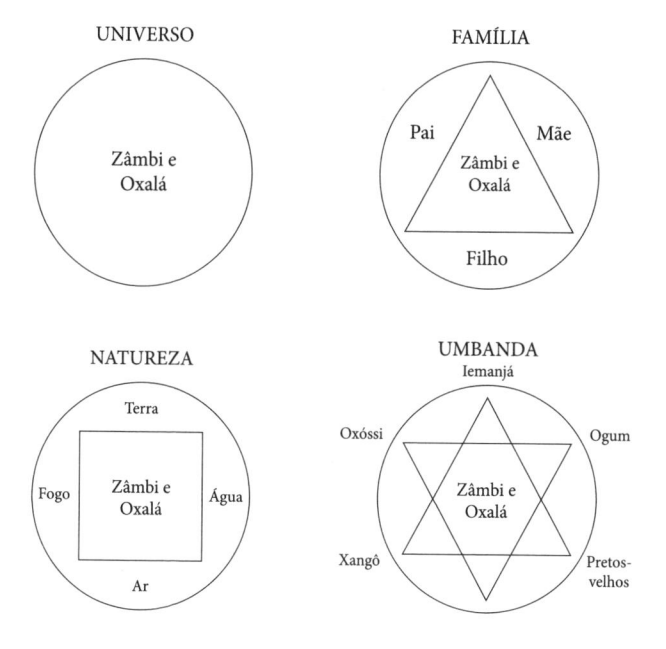

**UNIVERSO**
Zâmbi e Oxalá

**FAMÍLIA**
Pai — Mãe
Zâmbi e Oxalá
Filho

**NATUREZA**
Terra
Fogo — Zâmbi e Oxalá — Água
Ar

**UMBANDA**
Iemanjá
Oxóssi — Ogum
Zâmbi e Oxalá
Xangô — Pretos-velhos

Além destas, existem as insígnias específicas de cada linha da umbanda. Pois todas as linhas têm símbolos logo identificados. A pessoa esclarecida, num simples olhar, poderá confirmar o ponto, ou discordar.

Linha de Oxalá

Linha de Iemanjá

Linha de Ogum

Linha de Xangô

Linha de Oxóssi

Linha Africana

Linha do Oriente

Legião das Crianças

*Linha de Oxalá*: um coração e uma cruz dentro de um círculo.
*Linha de Iemanjá*: água, coração, cruz, estrela e lua.
*Linha de Ogum*: escudo, espada, lança, bandeira e cruz. Outro elemento (coração etc.) indica que a entidade está em irradiação com a linha representada.
*Linha de Xangô*: machadinho, lança, estrela, raio e lua. Se for acrescentado outro elemento (espada, arco e flecha, escudo, água etc.) quer dizer que a entidade está em irradiação com a linha representada.
*Linha de Oxóssi*: flecha é o mais geral, podendo-se acrescentar estrela, lua, serra, arco e flecha, folhas etc.
*Linha Africana*: estrela, cruz, corrente, lua e lança.
*Linha do Oriente*: estrela, lua, triângulo.
*Legião das Crianças*: geralmente risca o ponto sobre açúcar, fazendo um rabisco ilegível.

Com estas indicações, o prezado irmão terá uma noção lógica para separar o verdadeiro do falso e orientar o neófito. Mais adiante o irmão vai encontrar verdadeiros pontos que irei apresentar, principalmente dos pretos-velhos.

## As oferendas na umbanda

As oferendas são ritos litúrgicos. Como tais, devem seguir uma série de regras que envolvem a obediência ao simbolismo ligado às entidades da umbanda: suas cores vibratórias, os locais com que se harmonizam, os materiais e alimentos com que têm afinidade etc. Veremos a seguir as informações essenciais para quem deseja se aprimorar na prática da umbanda, não esquecendo de referir as entidades da quimbanda, que também são alvo da caridade da umbanda.

### *Correspondências com os elementos*
Como afirmaram os ocultistas, o duplo humano (corpo astral ou subconsciente) se nutre da vitalidade de pessoas e animais, do perfume das

flores, dos vapores e dos fluidos da comida e da bebida. Daí vieram as oferendas que os antigos ocultistas faziam aos espíritos, de acordo com os elementos a que estes eram ligados. Essas correspondências são usadas pela umbanda esotérica, que se baseia na associação tradicional entre as principais entidades da umbanda e os quatro elementos.

*Entidades do fogo*: Xangô, Iansã, Exu.
*Entidades da terra*: Omulu, Ogum, Oxóssi, Linha Africana.
*Entidades do ar*: Oxalá, Ibeji, Linha do Oriente.
*Entidades da água*: Nanã, Iemanjá, Oxum.

Cohecendo o elemento que forma a raiz de cada orixá, poderemos identificar os materiais que podem ser usados para compor uma oferenda.

*Oferendas a entidades do fogo*: ferro, cobre, rubi, esmeralda, jaspe, perdizes, canários, pombos brancos, faisões e andorinhas.

*Oferendas a entidades da terra*: chumbo, tabaco, fubá, tartaruga, cabrito, coruja, morcego, galo e bebidas alcoólicas.

*Oferendas a entidades do ar*: ouro, prata, cristal, pérola, topázio, mel, aguardente, pavão, galos brancos, éter, heliotrópio e berilo.

*Oferendas a entidades da água*: mercúrio, água-marinha, pérola, cisne, patos, gansos, rosas, perfumes, rãs e enfeites femininos.

## Locais para a entrega de oferendas

*Linha de Oxalá*: nas portas das igrejas e no alto dos montes.
*Linha de Iemanjá*: no mar, nas praias e nos rios.
*Linha de Ogum*: nas ruas, nos caminhos e nas estradas de ferro.
*Linha de Oxóssi*: nas matas.
*Linha de Xangô*: em pedreiras e cachoeiras.
*Linha Africana*: em jardins, encruzilhadas e portas de igrejas.
*Linha do Oriente*: em praias e campos.
*Legião das Crianças*: em jardins e parques.
*Exus e pomba giras*: em encruzilhadas (nos cantos) ou locais específicos de certas entidades.

*Linha das Almas*: nos cemitérios (no Cruzeiro das Almas).

## Cores vibratórias
*Linha de Oxalá*: branco.
*Linha de Iemanjá*: azul e branco.
*Linha de Xangô*: amarelo, azul, branco, vermelho, ouro.
*Linha de Ogum*: vermelho e branco.
*Linha de Oxóssi*: verde-claro, amarelo.
*Linha Africana*: vermelho, rosa, preto.
*Linha do Oriente*: branco, ouro, prata.
*Legião das Crianças*: branco e rosa.
*Exus e pombagiras*: preto e vermelho.
*Linha das Almas*: preto e branco.

## Dias da semana
*Domingo*: Linha de Oxalá, Legião das Crianças, Linha do Oriente.
*Segunda-feira*: Exu e Povo das Ruas.
*Terça-feira*: Linha de Ogum.
*Quarta-feira*: Linha de Oxóssi.
*Quinta-feira*: Linha de Xangô.
*Sexta-feira*: Linha Africana, Omulu, Linha das Almas.
*Sábado*: Linha de Iemanjá.

## Amalá, comida de santo
É tradicional, nos terreiros, fazer o amalá para os seus santos. Assim transcrevo o que aprendi nas minhas andanças, para benefício de quem quiser aprender.

Cada linha da umbanda e da quimbanda tem suas comidas e bebidas preferidas. O amalá é uma refeição de comunhão dos fiéis. Por isso, sua oferta é uma cerimônia litúrgica, que começa com a oferta simbólica, ao santo, das primícias (a primeira porção servida) do alimento, que depois é consumido pelos membros da comunidade religiosa.

O amalá deve ser servido em prato de barro ou papelão, sem talheres, e os restos (inclusive os ossos dos animais) colocados num recipiente especial, para serem posteriormente despachados. Este é o verdadeiro despacho: as sobras de um ritual.

*Linha de Oxalá*: canjica preparada com leite e açúcar, arroz com mel, clara de ovo, leite, água mineral.

*Linha de Iemanjá*: peixe, galinha branca, verduras, frutas, mel, água, vinho espumante. O peixe e a galinha podem ser temperados com pimenta malagueta, vinagre, sal, limão e azeite de dendê.

*Linha de Xangô*: rabada, camarão, milho-verde, mandioca, mel de abelha, galo amarelo, mel de pau (silvestre), cerveja preta. Temperos: pimenta malagueta, sal, cebola, azeite de dendê.

*Linha de Ogum*: galo vermelho, feijão fradinho feito com pouco tempero e azeite de dendê, angu com picadinho, cerveja clara e frutas.

*Linha de Oxóssi*: galo carijó, porco, veado, caça em geral, farofa de carne, toda espécie de frutas, cerveja.

*Linha Africana*: farofa com carne, guisado de carne e verdura, rapadura, canjica, tutu de feijão, café, vinho tinto, temperos em geral.

*Linha do Oriente*: frutas em geral, mel, pães, vinho branco, champanha.

*Legião das Crianças*: doces em geral, leite, canja de frango, frutas em geral, refrigerantes e refrescos.

*Exu*: galo preto, bode com chifre, bife no dendê bem temperado, farofa, frutas, limão com marafo (cachaça), conhaque.

*Omulu e Almas*: mingau de maisena, jardineira de legumes, frango com pirão, pipoca sem sal, água.

### Calendário litúrgico da umbanda

Os orixás e demais entidades da umbanda têm suas festas comemoradas nas datas votivas dos santos com quem são sincretizados.

*Oxalá*
Jesus menino – Natal (25 de dezembro)
   Jesus crucificado - Semana Santa (data móvel — março ou abril)

*Iemanjá*
Nossa Senhora da Glória – 15 de agosto
   Nossa Senhora dos Navegantes – 2 de fevereiro
   Festa no mar – 31 de dezembro

*Ogum*
São Jorge – 23 de abril (ou São Sebastião — 20 de janeiro)
   Ogum Xoroquê – Santo Antônio (13 de junho)

*Oxóssi*
São Sebastião – 20 de janeiro (ou São Jorge — 23 de abril)

*Xangô*
São Jerônimo – 30 de setembro
   São Miguel Arcanjo – 29 de setembro
   São João Batista – 24 de junho (Linha do Oriente)
   São Pedro – 29 de junho
   São José – 19 de março

*Ibeji*
Cosme e Damião – 27 de setembro (Legião das Crianças)

*Iansã*
Santa Bárbara – 4 de dezembro

*Nanã*
Santa Ana – 26 de julho

*Oxum*
Nossa Senhora da Conceição – 8 de dezembro

*Ossãe*
Santa Maria Madalena – 22 de julho

*Obá*
Santa Joana d'Arc – 30 de maio

*Iroco*
São Francisco de Assis – 4 de outubro

*Omulu*
São Roque – 16 de agosto
   São Lázaro – 17 de dezembro

*Outras datas*
Pretos-velhos – 13 de maio (Libertação dos escravos)
   Caboclos – 2 de julho
   Dia da Umbanda – 15 de novembro
   Exus e Pombagiras – 1 de novembro (Dia das Bruxas)
   Almas – 2 de novembro (Finados)

*Obrigações anuais*
Todo grupo praticante tem por obrigação fazer homenagens durante o ano às diversas linhas de umbanda.

*No primeiro dia do ano*: visitar diversas igrejas, em homenagem ao Pai Oxalá.

*No mês de Oxóssi* (janeiro): fazer um trabalho na mata.

*No mês de Iemanjá* (fevereiro): fazer um trabalho no mar.

*No mês de Ogum* (abril): fazer um trabalho próximo à linha da estrada de ferro.

*No mês dos pretos-velhos* (maio): fazer um trabalho num chapadão.

*No mês de Xangô* (setembro): fazer um trabalho nas pedreiras e cachoeiras.

*No mês das crianças* (setembro): visitar praças e parques.

*No fim do ano*: convocar o grupo para a limpeza de encerramento. Lavar o templo com sal grosso, arruda, capim-limão e espada-de-são-jorge; lavar as guias e imagens com arruda e guiné. Durante o ano vai se acumulando carga negativa, e é necessário fazer esta limpeza para o ambiente ficar purificado, para o início dos trabalhos do próximo ano.

## Saudações às entidades

Saudação aos orixás da Linha de Oxalá: *Epa babá!*
Saudação as orixás da Linha de Iemanjá: *Odô feiabá!*
Saudação aos orixás da Linha de Xangô: *Caô cabecilê!*
Saudação aos orixás da Linha de Ogum: *Ogum nhé patacuri!*
Saudação aos orixás da Linha de Oxóssi: *Okê bambi ôcrim!*
Saudação aos orixás da Linha Africana: *Naué!*
Saudação aos orixás de Legião das Crianças: *Onibejada!*

# PONTOS RISCADOS E CANTADOS

## LINHA DE OXALÁ

**Fé**

*Ponto de Oxalá*
Oh, Pomba Branca,
Pombinha de Oxalá,
Oh, Pomba Branca,
Pombinha de Orixá,
Oh, Pomba Branca,
Pombinha de Orixá,
Pombinha Branca
De todos os Orixás. (bis)

*Ponto de prece a Jesus*
Jesus Cristo é nosso Pai, aruê, (bis)
É filho da Virgem Maria, aruê,
Lá do alto do calvário, aruê,
É a estrela que nos guia, aruê.

**Esperança**

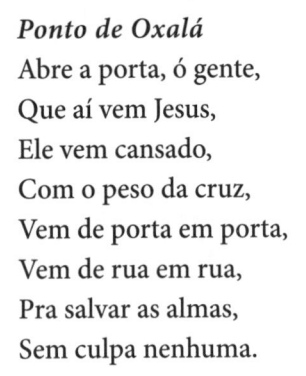

*Ponto de Oxalá*
Abre a porta, ó gente,
Que aí vem Jesus,
Ele vem cansado,
Com o peso da cruz,
Vem de porta em porta,
Vem de rua em rua,
Pra salvar as almas,
Sem culpa nenhuma.

**Caridade**

*Ponto de Oxalá*
Pemba de Tamanangá,
Pemba, pemba,
Pemba de Pai Oxalá,
Pemba, pemba,
Pemba de todos os Orixás,
Pemba, pemba. (bis)

*Hino a Jesus*
*(Festa de caboclos — Descarga)*
Jesus nosso redentor
Desceu para nos salvar,
Chegaram os caboclos de Aruanda,
Que vieram descarregar,

    Mais uma pemba, mais uma guia,
    Meu Pai, diga o que é,
    São todos caboclos de Aruanda,
    Que vieram salvar filhos de fé.

**São Benedito**

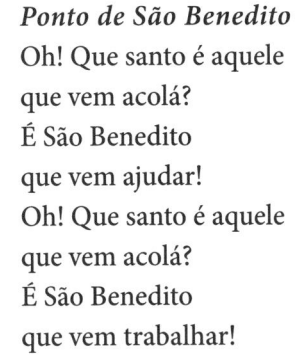

*Ponto de São Benedito*
Oh! Que santo é aquele
que vem acolá?
É São Benedito
que vem ajudar!
Oh! Que santo é aquele
que vem acolá?
É São Benedito
que vem trabalhar!

**Santo Antônio**

*Ponto de Santo Antônio*
Santo Antônio é de ouro fino...
Ai, não me deixe ficar sozinho!
Ai, meu rico Santo Antônio,
Ai, não me deixe ficar sozinho!

**São Francisco de Assis**

*Ponto de São Francisco de Assis (Simiromba)*
Com a cruz na mão, Simiromba,
Com a cruz na mão, Simiromba,
Como ele vem contente, Simiromba,
Trazendo a nossa redenção, Simi-romba.
Simiromba vem, Simiromba,
Trazendo a nossa redenção, Simi-romba.
Ele vem contente, Simiromba,
Trazendo a sua cruz na mão, Simi-romba.

**LINHA DE IEMANJÁ**

*Ponto de Iemanjá*
Com seu colar de conchas,
Toda vaporosa,
Lá vem Iemanjá, com seu colar de rosas.
Ie, ie, ie, ie, Iemanjá.

**Maria Santíssima**

*Ponto de Iemanjá*
Hoje é dia de Nossa Senhora,
A nossa Mãe Iemanjá,
La luna, ê, ê, ê, ê, ê, ê,
La luna, a, a, a, a, a, a,
Brilham as estrelas no céu,
Brincam os peixinhos no mar,
La luna, ê, ê, ê, ê, ê, ê,
La luna, a, a, a, a, a, a.

*Ponto de Iemanjá (Descarga)*
Salve as conchinhas douradas,
Salve as estrelas do mar,
Salve a Mamãe sereia,
Salve Iemanjá,
Salve as conchinhas douradas,
Salve quem aqui está,
Salve Mamãe sereia,
Que todo mal vai levar.

*Ponto de Iemanjá (Vibração)*
Na areia da praia,
Eu vi Iemanjá,
Curando seus filhos,
Nas ondas do mar.

**N. Sra. das Dores**

*Ponto de Santa Maria*
Maria, nossa mãe extremosa,
Baixai, baixai como a rosa.
Anda a ver nosso povo de Aruanda,
Trabalhando no gongá,
Em nossa lei de umbanda.
Baixai, baixai como a rosa,
Maria, nossa mãe extremosa,
Baixai, baixai como a rosa.

*Ponto das sete caboclas de Iemanjá*
Nas águas do mar, eu vi navegar
Mamãe Iemanjá, Mamãe Iemanjá,
No mesmo barco, estava Nanã,
Eu vi Nanã, eu vi Nanã,
Nas ondas do mar eu vi navegar
A Sereia do Mar, a Sereia do Mar,
No mesmo barco estava Oxum,
Eu vi Oxum, eu vi Oxum
Nas ondas do mar eu vi navegar
Tarimá, eu vi navegar,
No mesmo barco, estava também
A Calunguinha, a Calunguinha,
Nas ondas do mar eu vi navegar
Indaiá, eu vi navegar,
No mesmo barco estava também,
Eu vi Iara, eu vi Iara.

*Ponto de Iansã*
Iansã, orixá de umbanda,
Rainha, Sereia do Mar,
Saravá Iansã, lá na Aruanda, eparrei,
Iansã venceu demanda.

*Ponto de Oxum*
Atraca, atraca, quem vem na onda é Nanã.
Atraca, atraca, quem vem da onda é Nanã.
É Nanã, é Oxum, é quem vem saravá, eia?
É Nanã, é Oxum, Oxum?
É a Sereia do Mar, eia...

*Ponto cruzado de Iansã*
Meu Pai vem da Aruanda, e nossa Mãe é Iansã,
Canjira deixa a gira girar,
Canjira deixa a gira.
Deixa a gira girar, saravá Iansã,
É Pai Xangô, é Iemanjá, oi,
Oi deixa a gira girar,
Canjira deixa a gira girar,
Canjira deixa a gira girar.

*Ponto de subida de Iemanjá*
Iemanjá, oi Iemanjá,
Iemanjá, oi Iemanjá,
São os anjinhos do céu,
Que vieram te chamar,
Já foi, já foi, Iemanjá,
Com os anjinhos pro céu.

## LINHA DE XANGÔ

*Ponto de Xangô*
Eu sou caboclo, lá das pedreiras,
Eu sou caboclo, em qualquer lugar,
Na minha lança, trago uma bandeira,
Com ordem suprema
Do Pai Oxalá.

**Caboclo Cachoeira**

*Ponto do Caboclo Cachoeira*
Pela serra vem caindo,
Pelas pedras vem batendo,
Pela encosta vem descendo.
É Cachoeira,
No terreiro de umbanda
Vai descendo e vai girando
O caboclo Cachoeira.

**Cabocla Iansã**

*Ponto da Cabocla Iansã*
Estava na beira da praia,
Chorou, chorou.
Estava na beira da praia,
Chorou, chorou.
Chora da macumba, Iansã,
Chora da macumba, Iansã.

**Caboclo do Sol e da Lua**

*Ponto do Caboclo do Sol e da Lua*
Saravá o Sol, saravá a Lua,
Saravá o Sol, saravá a Lua,
Que eu vou girar,
Que eu vou girar,
Lá na mesa de umbanda,
Vou trabalhar.

**Caboclo dos Ventos**

*Ponto do Caboclo dos Ventos*
Peguei na pemba, a pemba balanceou...
Peguei na pemba, a pemba balanceou...
Cadê Caboclo do Vento?
Caboclo do Vento chegou!
Cadê Caboclo do Vento?
Caboclo do Vento baixou!

**Caboclo Pedra Branca**

*Ponto do Caboclo Pedra Branca*
Roncou trovoada na serra,
Ao longe ouviu-se o trovão,
Chegou o Caboclo da Pedra,
Salvando todos que aqui estão.
Caboclo é filho de umbanda,
Filho de umbanda ele é.
Trabalhem todos para o bem,
Trabalhem sempre com fé.
Não temam trovoada na serra
Nem o ribombo do trovão,
Os corações estando limpos,
Jesus é o fiel guardião.

*Ponto de Xangô*
Xangô é corisco,
Nasceu lá na trovada,
Ele mora na pedreira,
Levanta de madrugada.
Longe, bem longe,
Onde o sol raiou.
Saravá umbanda,
Saravá Xangô,
Saravá umbanda,
Saravá Xangô.

*Ponto de Xangô*
Quem rola pedra na pedreira é Xangô,
Pedra rolou, na cachoeira é Xangô,
Vivo na coroa de Zâmbi,
Vivo chegou de Aruanda,
Vivo venceu demanda,
É Xangô.

*Ponto de Xangô para firmar a corrente*
Roncou um trovão lá na serra,
O leão das matas roncou,
A passarada estremece,
Foi a coral que piou, piou, piou,
Foi a coral que piou, piou, piou,
Salve o povo de gongá,
Chegou nosso rei de umbanda,
Saravá nosso Pai Xangô,
Saravá nosso Pai Xangô.

*Ponto de Xangô para firmar a corrente*
Pedra rolou, Pai Xangô, lá na pedreira,
Firma seu ponto, meu Pai, na cachoeira,
Tenho meu corpo fechado,
Xangô é meu protetor,
Segura o ponto, meu filho,
Pai de cabeça chegou.

*Ponto de homenagem a Xangô*
Xangô é Rei lá nas pedreiras,
Também é Rei, caboclos, nas cachoeiras,
No seu saiote tem penas douradas,
Seu capacete brilha na alvorada.

*Ponto de subida de Xangô*
Vai, vai, Pai Xangô,
Leva todo o mal de seus filhos
Pras profundezas das águas do mar.

**LINHA DE OGUM**

**Ogum Beira Mar**

*Ponto de Ogum Beira Mar*
Meu Pai, que guerreiro é esse
Que vence na terra,
Que vence no mar?
Ele é guerreiro,
Ele é flecheiro,
Ele é marinheiro,
Ele é de Iemanjá,
Salve este guerreiro,
Ogum Beira Mar.

**Ogum Rompe Mato**

*Ponto de Ogum Rompe Mato*
Auê de Ogum Rompe Mato,
Auê cavaleiro de umbanda. (bis)
Ele vence demanda, ele gira no mar,
Seu Ogum Rompe Mato, ele vem saravá.

**Ogum Naruê**

*Ponto de Ogum Naruê*
Ogum Naruê chegou,
Ogum Naruê baixou,
Eu sou filho de umbanda,
Ogum não me saravou!

**Ogum Nagô**

*Ponto de Ogum Malei*
*e Ogum Nagô*
Saravá, Ogum,
E a coroa de Lei!
Saravá, Ogum,
E a coroa de Lei!
Ogum de Malei,
Ogum de Nagô!

**Ogum Megê**

*Ponto de Ogum Megê*
Ogum, Ogum Megê,
É de Lei!
Olhe seus filhos, meu pai,
Ogum Megê, Megê.

**Ogum Iara**

*Ponto de Ogum Iara*
Ogum Iara, Ogum Megê,
Olha Ogum Rompe Mato, auê,
Ogum Iara, Ogum Megê,
Tranca gira de umbanda, auê!

**Ogum de Malei**

*Ponto de Ogum de Ronda*
*(Legião de Ogum Malei)*
Olha que Ogum está de ronda,
Quem está chamando é São Miguel,
Éo, réo, réo, na mesa de umbanda,
Quem está chamando é São Miguel.

*Ponto de Ogum São Jorge*
Cavaleiro que bateu na minha porta,
Cavaleiro, pega a pemba para ver quem é,
Ele é São Jorge guerreiro, minha gente,
Cavaleiro da força e da fé.

*Ponto de Ogum*
Eu tenho sete espadas pra me defender.
Eu tenho Ogum em minha companhia,
Ogum é meu Pai,
Ogum é meu guia,
Ele vai baixar, na fé de Zâmbi
E da Virgem Maria.

*Ponto de chamada dos sete Oguns*
Pisa na linha de umbanda, que eu quero ver,
Ogum Beira Mar…
Pisa na linha de umbanda, que eu quero ver,
Ogum Matinada…
Pisa na linha de umbanda, que eu quero ver,
Ogum Iara, Ogum Megê…
Olha a banda aruê,
Pisa na linha de umbanda, que eu quero ver,
Ogum Rompe Mato…
Pisa na linha de umbanda, que eu quero ver,
Ogum da Lei…
Pisa na linha de umbanda, que eu quero ver,
Ogum Malei…
Saravá aruê.

*Ponto de Ogum*
Ogum, olhe sua bandeira,
É verde, é branca, é encarnada,
Ogum nos campos de batalha,
Ele venceu a guerra, sem perder um soldado.

*Ponto de Ogum*
Nos campos de Humaitá,
Na guerra, Ogum venceu,
Ganhou medalha de general,
Foi Maria José quem lhe deu.

*Ponto de Ogum Veleiro*
Lá na Lua mora um cavaleiro,
É, é, é, seu Ogum Veleiro,
Lá na Lua tem, lá na Lua há,
Lá na Lua mora seu Ogum Beira Mar,
Lá na Lua mora um cavaleiro,
É, é, é, seu Ogum Veleiro,
Lá na Lua tem a falange de Bejada,
Lá na Lua mora seu Ogum Matinada.

*Ponto de subida de Ogum*
Ogum já me alborou,
Ogum já me saravou,
Filho de umbanda,
Por que é que chora?
Pois é Ogum
Que já vai embora.

*Ponto de subida de Ogum*
Ogum já saravou,
Ogum já abençoou,
Ogum Deus lhe chamou,
Já foi, já foi, Ogum,
Já foi, já foi, Ogum.

**LINHA DE OXÓSSI**

**Caboclo Tamoio**

*Ponto do Caboclo Tamoio (Grajaúna)*
Eu sou caboclo, eu sou tamoio,
Eu venho lá de Aruanda.
Eu sou caboclo, eu sou tamoio,
Eu venho lá de Aruanda.
Eu sou caboclo, meu nome é Grajaúna,
Eu sou tamoio, sou guerreiro de Umbanda.

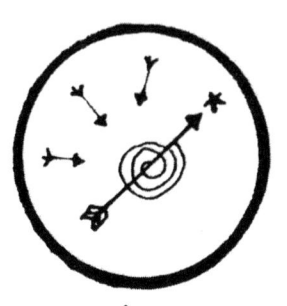

**Caboclo Águia Branca**

*Ponto do Caboclo Águia Branca*
Águia Branca, que vem de Aruanda, oi...
Vem sozinho para trabalhar.
Porém, apitando três vezes,
Sua falange vem ajudar.

**Caboclo Sete Encruzilhadas**

*Ponto do Caboclo Sete Encruzilhadas*
Chegou, chegou,
Chegou com Deus,
Chegou, chegou,
O caboclo Sete Encruzilhadas.

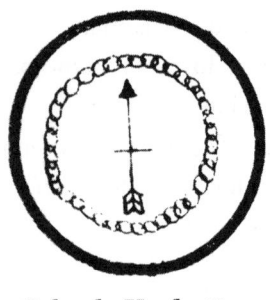

**Caboclo Urubatão**

*Ponto do Caboclo Urubatão*
Chegou Urubatão de dia,
Que veio para os seus filhos salvar.
Rebenta corrente de ferro e de aço,
Estoura cadeias de bronze.
A Lua vem saindo
E o Sol já vai sumindo.
E vem para saudar a estrela-guia.
Eu trago em meu manto sagrado
O nome da Virgem Maria.

**Caboclo Arariboia**

*Ponto do Caboclo Arariboia*
Ai, Jesus, Jesus morreu na cruz.
Ai, Jesus, Jesus morreu na cruz.
Chegou Arariboia,
Chegou Arariboia,
Pra salvar Jesus na cruz.

**Caboclo Guarani**

*Ponto dos Caboclos Guaranis*
Eu sou caboclo guerreiro,
Da tribo dos guaranis.
Quando chego nesse terreiro,
A paz deve sempre existir.
A falange dos guaranis
É a falange da paz.
Quando baixa nesta tenda,
Amor e caridade traz.

**Cabocla Jurema**

*Ponto de Jurema*
Oxóssi deixou suas matas,
Foi para os caboclos brincar. (bis)
Com os filhos de Jurema, seus Mestres,
Não é pra ninguém maltratar.

*Ponto de Jurema*
Eu me perdi,
Oxóssi me achou,
Oxóssi não é caça,
Oxóssi é caçador.

*Ponto de Jurema*
Eu vi chover, eu vi relampear,
Mas mesmo assim, o céu estava azul,
Firma seu ponto em folha de jurema,
Que Oxóssi é dono do maracatu.

*Ponto de Jurema*
Ai Jurema, ai Jurema,
Sua folha caiu serena, ó Jurema,
Dentro o Sol, e salve gongá,
Salve o Sol, e salve a Lua,
Salve São Sebastião,
Salve São Jorge guerreiro,
Que nos deu proteção,
Ó Jurema.

*Ponto do Caboclo Arruda*
Campainha que bate bate,
Campainha que já bateu,
Chegou caboclo Arruda,
Protetor de devoção,
Quando chega este caboclo,
Prende toda tentação,
Solta toda amarração.

*Ponto de Oxóssi*
Eu corri terra, eu corri mar,
Até que cheguei no meu país,
Ora viva Oxóssi das matas,
Que as folhas das mangueiras,
Ainda não *caiu*,
Ora viva Oxóssi das matas,
Que as folhas das mangueiras,
Ainda não *caiu*.

*Ponto de Oxóssi*
A mata estava escura,
Um anjo iluminou,
No centro da mata virgem,
Foi seu Oxóssi quem chegou.
Ele é rei, ele é rei, ele é rei, (bis)
Ele é rei na Aruanda, ele é rei.

*Ponto de Oxóssi*
Bota fogo na mata,
Chama, chama que ele vem,
Ele vem de Aruanda,
Chama, chama que ele vem,

Vivo na coroa de Zâmbi,
Vivo que ele vem saravá,
Vivo que ele vem de Aruanda,
Vivo ele vem trabalhar.

*Ponto de Oxóssi*
Quem mora nas matas é Oxóssi,
Oxóssi é caçador,
Oxóssi é caçador,
Ouvi meu Pai assobiar,
Ele mandou chamar,
É na Aruanda é,
É na Aruanda é,
O seu Oxóssi é de umbanda,
É na Aruanda é.

*Ponto de Oxóssi*
Oxóssi é Rei no Céu.
Oxóssi é Rei na Terra,
Oxóssi não desce do céu
Sem sua coroa,
Sem sua moganga de guerra.

*Ponto de subida de Oxóssi*
Caboclo pega sua flecha,
Pega o seu bodoque,
Que o galo já cantou,
É Zâmbi que está te chamando,
Pois chegou a hora,
E Oxalá chamou.

## LINHA AFRICANA

**Pretos-velhos**

*Ponto dos Pretos-velhos*
Ponto de umbanda.
Preto-velho chegou no reino,
Preto é filho de pemba,
Nosso Senhor é quem mandou.
(bis).

**Povo de Congo**

*Ponto do Povo de Congo*
Virá, Congo, é violé,
Teré, teré, teré, Congo,
Congo vem chegando, olé,
Teré, teré, teré, Congo.

*Ponto de chamada*
Ainda bem não era dia,
Papai mandou chamar,
Firma cabeça, meus filhos,
Que tem pretos pra chegar.

*Ponto dos Pretos-velhos*
*(Demanda)*
Tem mironga no terreiro,
Tem mironga no gongá,
Quem não pode com mironga
Não carrega patuá.

*Ponto do Pai Joaquim de Mina*
*(Para quando houver quebra de corrente)*
Na ladeira do pilar é tombador,
Bota fogo no sapé, pra nascer flor, (bis)
Cangerê ou gangererá.

*Ponto dos Pretos-velhos*
*(Chamada)*
É preto, é preto, é preto,
É preto no meu gongá,
É preto, é preto, é preto,
Vamos todos saravá.

*Ponto dos Pretos-velhos*
*(Povo da Guiné)*
Zum zum, bateu na porta,
Saravá vai ver quem é,
É povo de Aruanda,
É falange de Guiné.

*Ponto dos Pretos-velhos*
*(Para trabalhos de cura)*
Lá na mata tem folhas,
Tem rosário de Nossa Senhora.
Que arrueira de São Benedito,
São Benedito que nos valha
Nesta hora.

*Ponto de subida para os Pretos-velhos*
Já vai preto-velho,
Subindo pro céu, e a nossa Senhora,
Cobrindo com o véu.

*Ponto de encerramento dos trabalhos*
São Benedito é ouro fino,
Arria a bandeira e vamos encerrar,
São Benedito é ouro fino,
Arria a bandeira e vamos encerrar.

**LINHA DO ORIENTE**

**Ori do Oriente**

*Ponto do Povo do Oriente*
Ori, Ori, Ori do Oriente,
Força de Zâmbi chegou,
Lá no Oriente uma luz brilhou,
E neste terreiro tudo iluminou.
Ori, Ori, Ori do Oriente.

*Ponto de Ori do Oriente*
Ori já vem,
Já vem do Oriente,
Abença, meu Pai,
Proteção pra minha gente.

**Zartu**

*Ponto de Zartu*
Brilhou um clarão lá no céu,
Ai meu Deus o que será,
É Zartu, chefe indiano,
Que vem nos ajudar,
Que vem com sua falange,
Pra todo o mal levar.

**Astecas**

*Ponto dos Astecas*
Asteca vem, asteca vai.
Nosso povo é valente,
Tomba mas não cai.

**Jimbaruê**

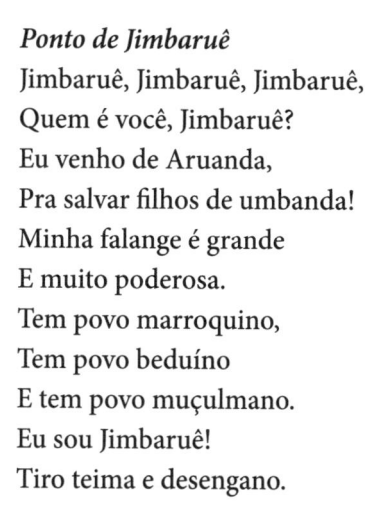

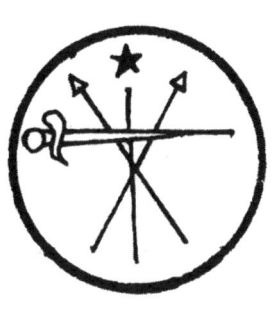

*Ponto de Jimbaruê*
Jimbaruê, Jimbaruê, Jimbaruê,
Quem é você, Jimbaruê?
Eu venho de Aruanda,
Pra salvar filhos de umbanda!
Minha falange é grande
E muito poderosa.
Tem povo marroquino,
Tem povo beduíno
E tem povo muçulmano.
Eu sou Jimbaruê!
Tiro teima e desengano.

**Gauleses e Romanos**

*Ponto de gauleses e romanos*
Gauleses, gauleses,
Nós somos soldados gauleses!
Gauleses, gauleses,
São Miguel está chamando!
Gauleses, gauleses,
Nós somos soldados de umbanda!
Gauleses, gauleses,
Viemos vencer demanda!

**Índios Caraíbas**

*Ponto dos Índios Caraíbas*
O meu anjo da guarda
Mandou, e eu vim cá.
Ora viva, meu guia,
Eu vim pra trabalhar,
Eu vim pra trabalhar
No terreiro de umbanda.
Viva São Miguel
E salve Aruanda!

*Ponto de São João Batista*
São João é que vem, minha gente,
Vem chegando de Aruanda,
Salve a fé e a caridade,
Salve o povo de umbanda,
São João Batista é que vem, minha gente,
Vem chegando o povo cor-de-rosa,
Salve o povo cor-de-rosa,
Salve os filhos de umbanda.

*Ponto de São João Batista para batizado*
João Batista vem do Oriente,
Vem batizar os filhos teus,
Vem, vem João Batista do Oriente,
Vem batizar os filhos meus.

*Ponto de subida após o batizado*
João Batista veio do Oriente,
E batizou os filhos teus,
Foi, foi João Batista do Oriente,
Já batizou os filhos meus.

## LEGIÃO DAS CRIANÇAS

**Cosme e Damião**

*Ponto de Cosme e Damião*
Estou sentindo alegria,
No meu coração pobre,
Vai baixar neste terreiro,
Doum, Cosme e Damião,
Hoje é dia de alegria,
As crianças vão brincar,
Doum, Cosme e Damião,
Vai baixar e saravá.

*Ponto de Doum, Cosme e Damião*
Abra a porta do céu, andorinha,
Que eu quero entrar, andorinha. (bis)
Abra a porta do céu, andorinha,
Que eu quero saravá, andorinha.

*Ponto de Cosme e Damião*
Cosme e Damião,
Rei da umbanda já chegou,
Meu Deus, Cosme e Damião,
Vêm me dar a proteção.

*Ponto de Cosme e Damião*
Papai, me manda um balão, (bis)
Com todas as crianças,
Que tem lá no céu,
Tem doce, mamãe,
Tem doce, mamãe,
Tem doce lá no jardim.

**Cosme e Damião na irradiação de Iansã**

*Ponto de Cosme e Damião*
São Cosme e São Damião,
A sua santa já chegou,
Veio do fundo do mar,
Que Santa Bárbara mandou,
Dois, dois Sereia do Mar,
Dois, dois Mamãe Iemanjá,
Dois, dois meu Pai Oxalá.


*Ponto de Doum, Cosme e Damião*
Saravá Doum e Cosme e Damião,
Nessa hora de alegria,
Peço a sua proteção.
Saravá Doum e Cosme e Damião.
Também sou filho de pemba,
Doum, Cosme e Damião.

*Ponto de Cosme e Damião*
Quede-le o meu brinquedinho,
Que aqui eu coloquei,
Agora na certa me lembro,
Às criancinhas eu dei.

*Ponto de Cosme e Damião*
A grande hora chegou,
Das criancinhas brincar,
Vamos trazer uns docinhos,
Vamos todos saravá.

*Ponto de subida para todas as crianças*
Brilhou a estrela no céu,
Já chega o São Miguel,
Vai levar as criancinhas,
Réo, réo, réo.

*Ponto de subida*
Andorinha que voa, que voa, andorinha,
Voa que estão te chamando, andorinha,
Xô, xô, xô, andorinha,
Voa que estão te chamando, andorinha,
Voa que estão te chamando, andorinha,
Xô, xô, xô, andorinha.

## NO REINO DOS PRETOS-VELHOS

Ao escrever este livro, meu principal objetivo foi homenagear os nossos amigos pretos-velhos. Assim sendo, passo agora a apresentar alguns detalhes do culto a essas entidades às quais dispenso enorme carinho e eterna gratidão.
Saravá, Pai Jacó!

### PONTOS RISCADOS E CANTADOS DOS PRETOS-VELHOS

**Pai Congo**

*Ponto do Pai Congo*
Arriou na linha de Congo,
É de Congo, é de Congo aruê,
Arriou na linha de Congo,
Agora é que eu quero ver.

**Pai Cambinda**

*Ponto do Pai Cambinda*
Povo da Costa é povo bom,
Ele é povo de massada,
Quando chega de Aruanda,
Fica todo ensarilhado,
Baixa, baixa, meu povo, baixa,
Ora, baixa devagar,
Para todo mal levar.

**Pai Benguela**

*Ponto do Pai Benguela*
Eu sou um preto-velho, eá,
Eu vim da África, eu vim de lá,
Eu vim de Benguela, pra trabaiá.

**Pai José**

*Ponto do Pai José*
Salve Deus
E os caboclos de Aruanda,
Pai José chegou
No terreiro de umbanda.

**Pai Jerônimo**

*Ponto do Pai Jerônimo*
Pai Jerônimo chegou,
Pai Jerônimo saravou,
Pai Jerônimo baixou,
Pra levar todos zi mali
De suas zi fio, em sua gongá,
Pro zi fundo di má,
É, ô.
Obs.: Este ponto pode
ser cantado para o Mestre Luís.

**Pai Francisco irradiação de Xangô**

*Ponto do Pai Francisco*
Pai Francisco é da Costa,
Vem com o rosário na mão,
Vai rezar pra todos filhos,
Para a sua salvação.

**Pai Jacó**

*Ponto de Pai Jacó*
Meu pai, meu pai Jacó,
Vem me ajudar,
Desce neste terreiro,
Que vamos trabalhar.

**Pai Jobá**

*Ponto do Pai Jobá*
Hoje é noite de alegria,
E a galinha já cantou,
Trazia fitas nos pés,
E a cruzinha do Senhor.
É de Congo, é de Congo, é de Congo.
No terreiro de umbanda,
A proteção de Deus baixou.

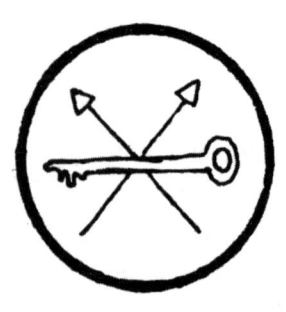

**Maria Conga**

*Ponto da Maria Conga*
Abre zi terreiro,
Abre zi gongá,
Chegou Maria Conga
Que veio trabaiá.

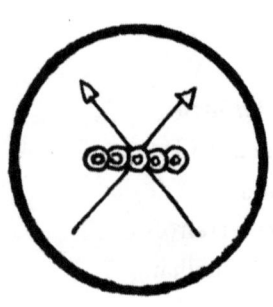

**Vovó Luiza**

*Ponto da Vovó Luiza*
Vovó Luiza que chora mironga,
Chora mironga de Pai Benguela.
Vovó Luiza que chora mironga,
Chora mironga de Pai Benguela.

**Tia Maria**

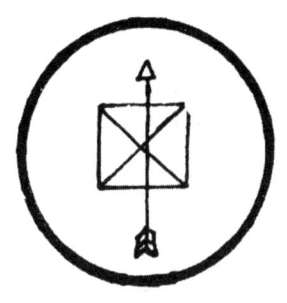

*Ponto da Tia Maria*
Tem vintém, mamãezinha?
Não tem pão,
*Minas cafio.*
Olha tia Maria
Como vem gingando.
Olha tia maria
Como vem sambando.

**Pai José de Aruanda**

*Ponto do Pai José de Aruanda*
Salve Deus
E os caboclos de Aruanda,
Pai José chegou
No terreiro de umbanda.

**Tio Antônio**

*Ponto do Tio Antônio*
Dá licença, tio Antônio,
Eu vim te visitar.
Eu estou muito doente,
Vim pra você me curar.
Se a doença for feitiço,
Curará em seu gongá,
Se a doença for de Deus,
Ai... Tio Antônio vai curar.
Preto-velho rezador
Foi parar na detenção,
Ai... por não ter um defensor.
Tio Antônio é quimbanda curador, (bis)
É pai de mesa, é rezador. (bis)

**Pai João de Minas**

*Ponto do Pai João de Minas*
João de Minas é rezador,
Vai pedir em suas rezas,
Vai cortar com suas rezas
A mironga que eu estou.

**Pai Jobim**

*Ponto do Pai Jobim*
*(Povo da Bahia)*
Meu Senhor do Bonfim,
Chegou povo baiano,
No terreiro de umbanda,
Baixou Pai Jobim.

**Pai João Bangulê**

*Ponto do Pai João Bangulê*
João Bangulê,
João Bangulê, lê, lê ...
João Bangulê, lê, lê ...
João Bangulê, lê, tá, di...
Umbanda.
João Bangulê,
Tá, di, quimbanda.

**João Batué**

*Ponto do João Batué*
É João Batué, é,
É João Batué, é de mironga.
É João Batué,
Casa carânga é João Batué,
É de mironga.

**Pai Agolô**

*Ponto do Pai Agolô (zulus)*
Papai é catiporé,
Na calunga,
Catigorá,
Gira na Aruanda, gira,
Gira, gira, no gongá.

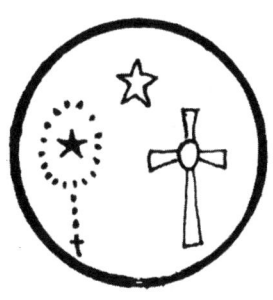

**Baianas de Missanga**

*Ponto das Baianas de Missanga*
Que terreiro é este,
Pisa devagar.
Sou baiana de missanga.
Pisa devagar.

**Pai João Batão**

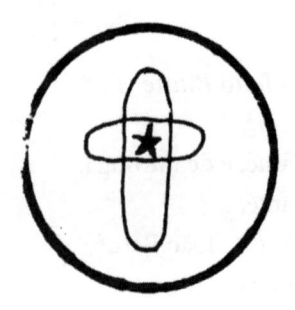

***Ponto do Pai João Batão***
João Batão, João Batelão,
Tu és, tu és meu Pai São Pedro,
João Batão, João Batelão,
Meu Pai São Pedro em cima d'água.

**João da Ronda**

***Ponto do João da Ronda***
João da Ronda, ronda, ronda,
João da Ronda, ronda, ronda,
Todos dizem que João da Ronda
É que é ruim, João da Ronda
É bom Pai.

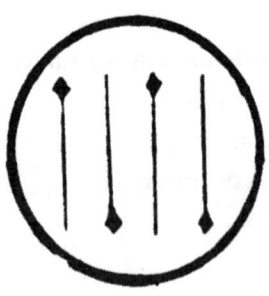

**Pai Benedito**

***Ponto do Pai Benedito***
Salve o rei, salve o rei,
Benedito no terreiro,
Salve o rei,
Salve o rei, salve o rei,
Benedito no terreiro,
Salve Zâmbi, o nosso rei.

**Povo da Bahia na Canjira**

*Ponto do Povo da Bahia na canjira*
Ai meu Senhor do Bonfim,
Valei-me São Salvador.
Vamos saravá nossa gente,
Povo da Bahia chegou.

**Maria Redonda**

*Ponto da Maria Redonda*
Quem vem, quem combate demanda,
Filha de Congo
É Maria Redonda.

**Rei Congo**

*Ponto do Rei Congo*
Nós que somos pretos.
Rei Congo não se dá,
Olha o Rei do Congo,
Ora, vamos saravá.
Aruê, aruê, aruê, aruê.
Olha o Rei Congo,
Olha, vamos saravá.

*Ponto do Povo da Costa (Pai Cambinda)*
Povo da Costa é povo bom,
Ele é povo de massada.
Quando chega da Aruanda,
Fica todo ensarilhado.
Baixa, baixa, meu povo baixa,
Ora baixa devagar,
Para todo o mal levar.

**Povo da Bahia**

*Ponto do Povo da Bahia
(Senhor do Bonfim)*
Oh, salve os santos da Bahia,
Oh, salve a mesa de Xangô,
Junto com seu patuá.
Não há mesa da Bahia
Que não tenha vatapá.
Não há santo bem seguro
Que não tenha patuá.

*Ponto dos pretos-velhos baianos*
Quem vem lá, que povo será?
É povo baiano, que vem trabalhar.
Quem vem lá é Vó Maria,
Que corta mironga,
Rebenta simpatia.

*Ponto cruzado dos pretos-velhos e Xangô*
Quinguelê, quinguelê Xangô,
Ele é filho da cobra-coral,
Olha os pretos, estão trabalhando,
E os brancos não estão olhando.

*Ponto do Negro Carreiro*
Nêgo Carreiro, toca o carro devagar,
Cuidado que o carro vira,
E o Carreiro passa mal.

*Ponto da Vó Catarina*
Oi, Catarina, venha cá
Me ajudar a trabaiá,
Peso foi feito pra nego,
Carrega no emborná.

## OFERENDAS AOS PRETOS-VELHOS

*Pretos-velhos em geral* – No canto de uma encruzilhada: cigarro de palha, caixa de fósforos, marafo (cachaça) com mel.

*Pai Jacó* – No canto de uma encruzilhada: uma rapadura, farofa, uma banana e uma cuia com água.

*Pai Jobá* – Antes de uma encruzilhada: uma garrafa de marafo com mel, um charuto, uma caixa de fósforos, uma rapadura.

*Maria Conga* – Antes de uma encruzilhada: uma garrafa de marafo, um pedaço de fumo de rolo, mel para cercar a oferenda.

*Vovó Luiza* – Num gramado: um pedaço de fumo, uma cocada preta, uma garrafa de marafo com mel.

*Tia Maria* – Na encruzilhada: um charuto, uma caixa de fósforos, uma garrafa de marafo, mel para cercar a oferenda.

*Pai José de Aruanda* – Numa encruzilhada deserta: uma vela, um cigarro de palha, uma caixa de fósforos, uma rapadura, uma garrafa de marafo para cercar a oferenda.

*Tio Antônio* – Na porta de uma igreja: uma cocada, um cigarro de palha e uma rosa vermelha, tudo envolto com papel branco e um laço de fita vermelha.

*Pai João de Minas* – Na escada de uma igreja: um pedaço de fumo de rolo, uma rapadura, três balas de mel, tudo em um pacote de papel branco, atado com fita roxa.

*Pai Jobim* – Na escada de uma igreja: um pedaço de fumo em corda, uma rapadura, três balas de mel, tudo em um pacote de papel branco, atado com fita branca.

*Pai João Bangulê* – Na encruzilhada: cigarro de palha, uma caixa de fósforos, uma rapadura, uma garrafa de marafo.

*João Batué* – Na encruzilhada: uma garrafa de marafo com mel, uma rapadura e um pedaço de fumo em corda.

*Pai Agolô* – Na encruzilhada: um pedaço de fumo em corda, uma rapadura, uma garrafa de marafo.

*Baianas de Missanga* – Na escada de uma igreja: um buquê de flores envolto em papel branco, uma vela e um punhado de balas.

*Pai João Batão* – Na escada de uma igreja: um rosário branco, uma vela branca e um buquê de rosas brancas envolto em papel de seda da mesma cor.

*João da Ronda* – Na encruzilhada: montar um círculo com velas brancas e pôr no centro um pedaço de fumo e uma caixa de fósforos aberta; abrir uma garrafa de marafo e circundar a oferenda com a bebida.

*Pai Cambinda* – Na encruzilhada: um pedaço de fumo, rapadura preta, fumo em corda, fósforo e uma vela.

*Pai Benedito* – Na encruzilhada: uma garrafa de marafo com mel, uma rapadura, vela, um rosário.

*Povo da Bahia* (Na canjira) – Levar uma garrafa de cerveja, um buquê de rosas brancas envolto em papel de seda da mesma cor, um pacote de velas brancas e oferecer várias preces.

*Maria Redonda* – Na encruzilhada: uma cocada, um charuto e uma garrafa de marafo com mel.

*Povo do Congo* – No canto de uma encruzilhada: um charuto, uma caixa de fósforos, uma garrafa de marafo com mel.

*Povo da Bahia (Senhor do Bonfim)* – Em uma encruzilhada: um pacote de velas brancas, uma garrafa de cerveja preta, um prato de vatapá, um charuto e fósforos; abrir a cerveja e cercar a oferenda com ela.

# EPÍLOGO

**PALAVRAS FINAIS**

Cada homem vale o que tem. Um cargo. Dois. Um automóvel. Uma fazenda. Uma vasta cultura. Uma presidência de qualquer associação de homens de bem. Enfim, cada um se apresenta à sociedade com o seu cartão de visitas, cheios de títulos e propriedades. Então é bem recebido. Suas opiniões são ouvidas. Sua presença é reclamada, à sua passagem só não se curvam os que obtiverem maior cotação.
Nessa ânsia desenfreada o homem agoniza. Agoniza na inveja dos que alcançaram maior cotação e no desemprego dos que obtiveram menos. Cristo nada tinha. Não era doutor em coisa alguma. Não tinha onde repousar a cabeça. Seus amigos eram o pescador e o negociante com quem cruzava nas estradas. Não pertencia a nenhuma associação, nem dirigia qualquer movimento.
Era pobre. Por nada ter a defender, defendia a todos.
Por nada possuir, deu a todos.

*(Autor desconhecido)*

Salve o poderoso Zâmbi.
Salve o Pai Oxalá.
Salve as sete linhas da umbanda e da quimbanda.
Salve a Linha Africana.

Salve o Pai Jacó.
E o meu saravá fraterno aos irmãos de boa vontade!

**BIBLIOGRAFIA**

ANÔNIMO. A aura protetora. São Paulo: Pensamento, 1935.
BANDEIRA, Armando Cavalcanti. O que é a umbanda. 2. ed. Rio de Janeiro: Eco, 1973.
BASTIDE, Roger. Imagens místicas do Nordeste em branco e preto. Rio de Janeiro: O Cruzeiro, 1945.
BITTENCOURT, José Maria. No reino dos exus. 6. ed. Rio de Janeiro: Pallas, 1994.
BRAGA, Lourenço. Trabalhos da umbanda: magia prática. Rio de Janeiro: Moderna, 1946.
CARNEIRO, Edson. Religiões negras, negros bantos. 3. ed. Rio de Janeiro: Civilização Brasileira, 1991.
FREITAS, João de. Xangô Djacutá. Rio de Janeiro: Eco, S/D.
KARDEC, Allan. Livro dos Médiuns. Tradução de Guillon Ribeiro. 71. ed. Rio de Janeiro: Federação Espírita Brasileira, 2003.
LEVI, Elifas. Dogma e ritual da alta magia. Tradução de Rosabys Camayasar. São Paulo: Pensamento, 1995.
PAPUS, Gerard A. V. E. Tratado elementar de magia prática. Tradução de E.P. São Paulo: Pensamento, 1995.
PINTO, Tancredo da Silva. O eró da umbanda. Rio de Janeiro: Eco, 1968.
QUERINO, Manoel. A raça africana e seus costumes na Bahia. Salvador: Progresso, 1955.
RAMOS, Arthur. O negro brasileiro. Rio de Janeiro: Civilização Brasileira, 1934.
RODRIGUES, Nina. Os africanos no Brasil. 6. ed. Brasília: Nacional, 1982.

SOUZA, José Ribeiro de. Cerimônias da umbanda e do candomblé. Rio de Janeiro: Eco, S/D.

Além dos livros utilizados, pesquisas na Biblioteca Pública do Paraná.

O AUTOR

José Maria Bittencourt (1922 – 2001) nasceu na cidade de Curitiba, no Paraná. Presidente de vários terreiros e tendas de umbanda no Paraná, e presidente-fundador da Confederação Umbandista do Paraná, foi membro do Círculo de Escritores e Jornalistas de Umbanda do Brasil e do Conselho Nacional Deliberativo da Umbanda (Rio de Janeiro).

Foi diplomado com o Grau de Babalorixá pela Federação Espírita dos Cultos Africanos do Estado da Paraíba e com o Grau de Tata pela Confederação Umbandista do Paraná.

Recebeu ainda diplomas de Mérito Religioso do Ylé do Caboclo Arranca Toco (Rio de Janeiro) e do Centro Espírita Afonja-Alufan (Santa Catarina), e de Honra ao Mérito da União Espírita da Umbanda do Brasil (Rio de Janeiro) e do Supremo Órgão de Umbanda e Candomblé do Estado de São Paulo (Troféu Águia da Umbanda, 1979).

Foi também homenageado com Placas de Prata pela Tenda Zé Pilintra (Curitiba, 1979) e pela Confederação Umbandista do Paraná (1982).

Participou do III Congresso Brasileiro da Umbanda, como 2º Vice-presidente (Rio de Janeiro, 15 a 21 de julho de 1973), do Congresso Catarinense de Umbanda (Santa Catarina, 10 de novembro de 1974), da I Concentração Anual do Conselho Nacional Deliberativo de Umbanda (Rio de Janeiro) e do I Congresso Paranaense de Umbanda (de que foi idealizador e realizador).

Também participou da conferência sobre reencarnação, promovida pelo Canal 6 de TV (Curitiba, 22/09/1971), da conferência sobre umbanda na cidade de Joinville (29/05/1976) e da Noite de Iemanjá (União Espírita Santista, Santos, 11/08/1979).

Além do presente livro, é autor de *No reino dos exus*, publicado por esta editora.

# EPÍLOGO

José Maria Bittencourt, nascido em 11/07/1922
Curitiba — Paraná

Este livro foi impresso em novembro de 2014, na Edigraf, no Rio de Janeiro.
O papel do miolo é o offset 75g/m2, e o da capa é o cartão 250g/m2.
A família tipográfica utilizada é a Minion Pro.